Der große BABY RATGEBER

rund um das 1. Lebensjahr

Alles Wissenswerte über **Geburt, Bonding, Entwicklung, Ernährung, Pflege** und **Umgang mit alltäglichen Herausforderungen**

Inhaltsverzeichnis

Die Geburt ist das einzige Blind-Date, bei dem du dir vollkommen sicher darüber sein kannst, die Liebe deines Lebens kennenzulernen.

Vielleicht hast du schon einmal etwas von diesem Spruch gehört, hinter dem sich nichts als die Wahrheit versteckt. Bereits während der Schwangerschaft bauen die werdende Mutter und auch der werdende Vater eine Bindung zu dem Kind auf. Dies fängt spätestens mit den kleinen und sanften Tritten gegen die Bauchdecke oder den gelegentlichen heftigen Tritt gegen die Blase, die sich wunderbar als Trampolin anbietet, wenn das Baby seine Purzelbäume im Mutterleib macht.

Woche für Woche stärkt sich die Bindung zu dem Baby im Mutterleib. Es kann die Stimme seiner Eltern hören, genießt den Herzschlag der Mutter als Hintergrundmusik und macht sich mit Bewegungen oder Schluckauf bemerkbar, der dafür sorgt, dass der Bauch der werdenden Mutter lustig hin und her wackelt.

Jede werdende Mutter und auch jeder werdende Vater stellt sich die Geburt des eigenen Kindes anders vor und erlebt dieses Wunder der Natur auf eine ganz eigene Weise. Was jedoch sicher ist, ist die Tatsache, dass dir vor lauter Freude für einen Moment die Luft fehlt, wenn du vor lauter Liebe und Erstaunen auf dein kleines Baby blickst, das für neun Monate im Bauch der Mutter gelebt hat. Es ist nun nicht mehr der Faustschlag deines Babys nach oben in die Richtung der Lunge der Mutter, der den Atem raubt. Oder in dem Fall des Papas - der erneute Gang zum Supermarkt oder zur Tankstelle, wenn das Baby mitten in der Nacht genau nach dem Lebensmittel verlangt, was nicht im Haus ist, und somit dafür sorgt, dass der werdende Papa ganz schön ins Schwitzen kommt. Vielmehr ist es nun das überwältigende Gefühl der unendlichen und bedingungslosen Liebe, das die frischen Eltern für ihr neugeborenes Baby empfinden.

Auch wir kennen dieses Gefühl von der Geburt unserer Tochter. Seit über zwei Jahren dürfen wir uns stolze Eltern einer wundervollen 2-jährigen Tochter nennen, die unser Leben auf wundervolle Weise vollkommen auf den Kopf gestellt hat. Die Geburt eines Kindes kann die Welt der Eltern – ganz egal, ob es sich um das erste, zweite oder dritte Kind handelt – vollkommen umkrempeln. Denn jedes Kind ist einzigartig und bereichert die Familie somit mit seinem ganz eigenen Charakter. Sicherlich gestalten sich die Bedürfnisse neugeborener Babys ähnlich und auch, während sie sich nach und nach zum Kleinkind entwickeln und sich immer schneller dem ersten Geburtstag nähern, haben sie ähnliche Anforderungen und Erfahrungen. Dennoch ist es für dich als Elternteil immer wichtig zu wissen, dass jedes Kind einzigartig ist und somit seinen ganz eigenen Charakter aufweist.

Dieser Hinweis ist aus dem Grund so wichtig, weil du mit diesem Buch einen wertvollen und wichtigen Begleiter in deinen Händen hältst, der dir einen roten Faden durch das erste Lebensjahr deines Babys bietet.

Es stellt den Anker dar, der auch an stürmischen Tagen und unter hohen Wellen für Sicherheit auf dem Schiff sorgt, auf dem sich die Crew mit dem neuen

Member erst wieder neu aufeinander einspielen muss. Jede Familie findet ihren ganz eigenen Rhythmus, ihre eigenen Routinen und Abläufe und kann somit die Route, die sie auf ihrem Schiff als Crew fährt, vollkommen frei bestimmen. Doc, es ist beruhigend zu wissen, dieses Buch als Anker mit an Bord zu haben, um in herausfordernden Momenten Halt zu finden und sich leiten lassen zu können.

Aufgrund der Tatsache, dass wir beide in Vollzeit berufstätig sind, geht unsere Tochter seit dem 10. Lebensmonat in die Kinderkrippe, was uns über die ersten 10 Monate hinweg die Möglichkeit gegeben hat, uns sehr intensiv mit ihr und ihrer Entwicklung zu beschäftigen. Wir konnten die Zeit mit ihr genießen, kamen aber auch an unsere Grenzen und hätten uns gewünscht, ein Buch an der Hand zu haben, in dem wir zu bestimmten Fragen eine Antwort bekommen, ohne uns mit Augenringen, brennenden Augen und dem jammernden Kind, das gerade seinen ersten Zahn bekommt, durch viele Kapitel durchlesen zu müssen.

Doch, wie heißt es doch so schön? Träume nicht dein Leben, sondern lebe deinen Traum! Wir wollten nicht einfach nur von einem solchen Buch träumen, sondern haben uns direkt an die Arbeit gemacht und das Werk in deinen Händen erstellt. Der **GROßE BABYRATGEBER** begleitet dich Schritt-für-Schritt in der Entwicklung deines Kindes und gibt konkrete Antworten, Tipps und Tricks zu den einzelnen Fragen, mit welchen du dich im ersten Lebensjahr des Kindes in der Regel beschäftigst.

Und, da wir nun schon mit einigen klugen Sprüchen um uns geschmissen haben, kommt nun noch einer: Es gibt keine dummen Fragen! Es handelt sich dabei nicht nur um einen Spruch, sondern um ein sehr wichtiges Statement, das du dir auf jeden Fall zu Herzen nehmen solltest. Viele Eltern haben in der heutigen Gesellschaft immer mehr das Gefühl, bereits alles wissen und einer bestimmten Rolle gerecht werden zu müssen. Von allen Seiten regnet es Ratschläge, Menschen teilen ungefragt ihre Meinung und treten frischgebackenen Eltern mit einer oft recht unrealistischen Erwartungshaltung gegenüber. Viele Eltern scheuen sich dabei davor, Fragen zu stellen und sich Hilfe zu holen.

In diesem Buch haben wir es übernommen, uns genau die Fragen zu stellen und sie für dich zu beantworten. Mit Sicherheit findest du auf den einzelnen Seiten Fragen wieder, die dir auch schon durch den Kopf geflogen sind oder triffst auf solche, über die du dir zuvor noch gar keine Gedanken gemacht hast. Das ist vollkommen normal! Im ersten Lebensjahr entwickeln sich Babys so rasant weiter, dass du immer wieder auf neue Umstände und neue Situationen stoßen wirst, die Fragen in dir aufkommen lassen können.

Freue dich mit diesem Buch über einen treuen Begleiter, der dich mit strukturierten und zeitgemäßen Informationen rund um das erste Lebensjahr versorgt. Es geht los mit der Geburt des Kindes bis hin zu dem ersten Geburtstag. Erhalte wertvolle Tipps für dich als Elternteil und für dein Kind, um euch nach und nach als Familie aufeinander einzuspielen und zu verstehen, was eigentlich gerade los ist.

Da die Geburt eines Babys in der Regel zu Veränderung der Partnerschaft als solche führt, haben wir diese als großes Kapitel in unserem Ratgeber behandelt. Oft schwingt mit dem Wort „Veränderung" ein negativer Klang mit, der vielen Menschen Angst macht. Doch, eine Veränderung muss nicht immer negativ sein. Eine Veränderung kann auch sehr viele positive Aspekte mit sich bringen – wichtig ist, dass du weißt, wie du mit den Veränderungen umgehen kannst und wie sich diese genau gestalten.

Deine Partnerschaft ändert sich nicht zum Schlechten, sondern sie ändert sich aufgrund des Babys, das aus Liebe entstanden ist. Aus euch beiden Menschen ist eine richtige Familie geworden, die sich erst wieder neu ordnen muss. Aus diesem Grund geht dieses Buch auch sehr intensiv auf die Partnerschaft der Eltern ein, zeigt die vollkommen normalen Veränderungen auf und gibt Tipps und Hinweise, um einen besseren Zugang zu diesen Veränderungen zu bekommen.

Schnell wirst du merken, dass dieses anfängliche etwas beängstigende „anders" zum Alltag wird, den du dir nicht mehr anders vorstellen kannst. Du wirst dich nicht mehr daran erinnern können, je ohne dein Kind auf der Welt gelebt zu haben. Es gehört mit zu dir. Es ist ein Teil von dir und nach der ersten Eingewöhnungsphase hast du auch die Zeit und die Kraft dafür, dich deinem Beziehungsleben zu widmen und dieses neu zu gestalten.

Natürlich sind wir uns auch bewusst darüber, dass dir möglicherweise gerade die Zeit fehlt, um ein ganzes Buch zu lesen und die Informationen in dir aufzunehmen – die Stilldemenz ist, auch bei Eltern, die sich dazu entscheiden, die Flasche zu geben – keinesfalls nur ein Gerücht. Vielleicht hast du auch schon die Autoschlüssel im

Tiefkühlfach gefunden oder erst an der Kasse im Supermarkt gemerkt, noch deine Hausschuhe an den Füßen zu haben. Aus diesem Grund haben wir das Buch so aufgebaut, dass du mit Hilfe der übersichtlichen Gliederung und immer ganz gezielt nach dem Thema suchen kannst, das dich gerade interessiert. Du kannst natürlich auch einfach in dem Buch stöbern, in ihm querlesen und dir somit unterschiedliche Informationen einholen. Unser Ziel ist es jedoch, dir einen Helfer mit an die Hand zu geben, in dem du schnell nachschlagen kannst und in nur wenigen Minuten eine Antwort auf eine Frage bekommst, die dir auf der Seele brennt.

Gleich geht es in diesem **Teil 1 des GROßEN BABYRATGEBERS** mit allen relevanten Themen rund um die Mama, den Papa und die Partnerschaft von der Geburt bis zum 1. Geburtstag eines Kindes.

Im **Teil 2** kannst du dich auf alles Wissenswerte über den Nachwuchs in dem spannenden ersten Lebensjahr freuen.

Mamathemen

Zunächst einmal wollen wir darauf hinweisen, dass wir in diesem Buch keine Vorurteile behandeln wollen und somit auf keinen Fall zwischen der Rolle der Mama und der Rolle des Papas einen Unterschied machen wollen. Beide Rollen spielen für das Kind und seine Entwicklung eine fundamentale Rolle. Weder die Mama noch der Papa sind wichtiger oder mehr für das Kind verantwortlich als der andere Elternteil.

Dennoch gibt es natürlich einige Themen, die die frisch gebackene Mutter mehr betreffen als dies bei dem Papa der Fall ist. Das heißt nicht, dass sich das Kapitel der Mamathemen jedoch nur an die Mama und das Kapitel der Papathemen nur an den Papa richtet. Bei diesem Buch handelt es sich um einen Ratgeber für die ganze Familie. Denn sowohl die Mama als auch der Papa und nicht zu guter Letzt das Baby profitiert von den Informationen in diesem Buch, das einen festen und sicheren Rahmen aus Informationen bietet. Innerhalb dieses stabilen Rahmens wird es dir mit deiner kleinen Familie leichter fallen, euren Alltag zu bestimmen, zu bewältigen und euch Schritt für Schritt aufeinander einzuspielen.

Sehen wir uns jetzt also an, welche Fragen unter die Kategorie der Mamathemen fallen und starten direkt mit all den wichtigen Informationen, die dir in deiner neuen Rolle als Elternteil helfen und dich somit tatkräftig unterstützen können.

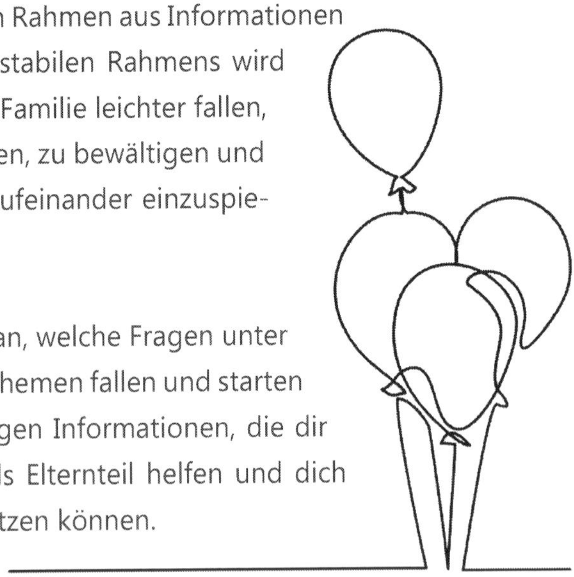

1. Geburt, Wochenbett

Zwar trägt das Buch den Titel „Der große Babyratgeber rund um das 1. Lebensjahr" und hilft dir damit dabei, dich im ersten Lebensjahr deines Kindes zurecht zu finden. Doch, ein sehr wichtiges Thema, das werdende Eltern zunächst einmal beschäftigt, stellt das Thema der Geburt dar. Direkt im Anschluss an die Geburt folgt natürlich das Wochenbett, weshalb du in diesem Kapitel Antworten auf die wichtigsten Fragen findest, die rund um die Geburt und das Wochenbett aufkommen.

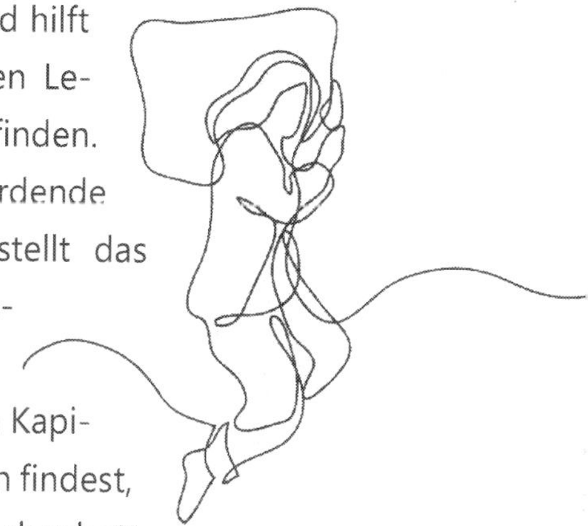

1.1 Was kommt auf mich zu, wenn ich eine natürliche Geburt habe?

Jede Geburt ist anders!

Diese Tatsache solltest du dir immer wieder vor Augen führen, wenn du dich mit der Frage danach, was bei einer natürlichen Geburt auf dich zukommt, auseinandersetzt. Jede Frau hat ein anderes Schmerzempfinden und kommt somit auf jeweils andere Weise mit den Wehen klar. Während einige Frauen die ersten Wehen gar nicht wirklich merken, entwickeln andere Frauen bereits zum Anfang eine unheimlich große Kraft, mit der sie die Stabilität der Knochen in der Hand ihres Partners vor eine harte Voraussetzung stellen.

Ein kleiner Fun Fact: John Guillebaud, ein Professor am University College in London, hat die Aussage getroffen, dass die Regelschmerzen, die Frauen empfinden, fast so schlimm wie ein Herzinfarkt sind.

Frauen kommen mit der Zeit mit ihren Regelschmerzen klar und lernen, mit ihnen umzugehen. Wenn man nun bedenkt, dass die Wehen den Regelschmerzen gleichen, nur in vielen Fällen deutlich stärker sind, kann sich der werdende Vater in etwa vorstellen, was die werdende Mutter in den Stunden vor der Geburt erlebt.

Doch, mit wie vielen Stunden musst du genau rechnen? Wie lange halten die Wehen an, die nach und nach immer stärker werden, um den Muttermund auf 10 cm zu öffnen, sodass das Baby aus ihm herauskommen kann? Handelt es sich um 2 Stunden? Dauert es 5 Stunden oder doch 12?

Wie schon gesagt, kann keine allgemeine Aussage eine pauschale Antwort auf diese Frage geben. Durchschnittlich kann gesagt werden, dass die erste Geburt circa 13 Stunden und bei jedem weiteren Kind circa 8 Stunden dauert.

Bevor sich das Blind-Date der werdenden Eltern nähert, kommt es jedoch zu:

- *dem Abgehen des Schleimtropfes (was auch einige Tage vor der Geburt passieren kann und noch nicht heißt, dass die Wehen umgehend starten müssen),*

- *Blutungen,*
- *dem Abgang des Fruchtwassers, was von Frau zu Frau unterschiedlich sein kann. Einige Frauen verlieren das Fruchtwasser im Schwall, andere wiederum tröpfchenweise.*

An und für sich setzt sich die natürliche Geburt aus drei Phasen zusammen:

1) Die Eröffnungsphase

- Die Wehen erfolgen alle 3 bis 6 Minuten und dauern zwischen 10 bis 12 Stunden bei Erstgebärenden bzw. circa 8 Stunden bei Müttern, die schon Kinder geboren haben, an.
- Die Phase endet mit der Öffnung des Muttermundes. Dieser öffnet sich in Schritten, bis er 10 cm erreicht hat.

2) Die Austreibungsphase

Das Baby rutscht in den Geburtskanal, was in der Regel circa zwei Stunden dauert. Bei Frauen, die bereits Kinder bekommen haben, kann die Phase aber auch deutlich kürzer sein.

3) Die Pressphase

- Die Pressphase, die mit zu der Austreibungsphase gehört, geht Hand in Hand mit den sogenannten Presswehen. Die werdende Mutter hat somit das Gefühl, pressen zu müssen. Die Dauer dieser Pressphase beläuft sich oft auf 30 bis 40 Minuten bei Erstgebärenden bzw. auf 20 bis 30 Minuten bei Frauen, die bereits ein Kind geboren haben.
- Es kann dazu kommen, dass die Frau Stuhlgang bekommt. Aus dem Grund kann die werdende Mutter vor der Geburt unter den Wehen einen Einlauf für die Darmentleerung machen, wenn sie das möchte.
- Die Phase endet mit dem Erscheinen des Köpfchens. Das ist in der Regel der Moment, in dem sowohl die Frau als auch der Mann wirklich realisieren, dass das Baby auf die Welt kommt. Es wird greifbar. Nachdem die Frau noch ein paar Mal drückt, kommt der Körper des Babys heraus und das Baby ist auf der Welt.

Die Geburt des Babys ist nun vorbei. Doch sie ist noch nicht zu Ende. Denn im Anschluss an diese drei Phasen findet die Nachgeburtsperiode statt, bei welcher die Plazenta geboren wird. Das dauert in der Regel zwischen 10 und 30 Minuten. Währenddessen kann die frischgebackene Mutter das Baby in ihren Armen halten und an die Brust anlegen. Direkt nach der Geburt kann das Baby das sehr wichtige und wertvolle Kolostrum trinken.

Während der natürlichen Geburt kannst du, sofern dir die Schmerzen der Wehen zu viel werden, nach einer PDA (Periduralanästhesie) fragen. Diese Spritze in die Wirbelsäule betäubt die Schmerzen so, dass die werdende Mutter kaum mehr etwas von ihr spürt. Dafür muss sie sich in einem solchen Fall konzentrierter auf das Pressen orientieren, das nicht mehr automatisch durch den Drang der Wehen erfolgt.

1.2 Was muss ich erwarten, wenn ich einen Kaiserschnitt bekomme?

Unter Umständen kann es passieren, dass eine Frau unter der natürlichen Geburt auf Komplikationen trifft oder dass sie sich ganz bewusst vor der Geburt für einen geplanten Kaiserschnitt entscheidet. Kommt ein Kind über einen Kaiserschnitt auf die Welt, spielt es für die werdenden Eltern eine wichtige Rolle, zu wissen, was auf sie zukommt.

Da es sich bei einem Kaiserschnitt um eine Operation handelt, erhält die werdende Mutter eine Narkose. In der Regel bevorzugen es die Ärzte, für diese Zwecke eine örtliche Narkose zu verwenden. Das bringt auch den Vorteil mit sich, dass die Mutter das Baby im Arm halten kann, während die Ärzte die Öffnung, aus dem sie das Kind aus dem Bauch der Mutter geholt haben, zunähen.

Der Schnitt selbst weist in der Regel eine Länge zwischen 8 und 12 cm auf und verläuft quer am Unterbauch der Mutter. Oft verheilt die

Narbe nach zwischen 8 und 12 Tagen, wobei die Mütter nicht selten zwischen 4 bis 7 Tage im Krankenhaus bleiben, um sich von dem Eingriff zu erholen. Denn vor allem im Bereich der Bauchdecke kann es nach dem Kaiserschnitt zu Schmerzen kommen und die frisch gebackene Mutter kann sich auch in ihrer Bewegungsfreiheit etwas eingeschränkt fühlen.

Bei dem Kaiserschnitt und der natürlichen Geburt handelt es sich um die einzigen beiden Möglichkeiten, um ein Kind auf die Welt zu bringen. An und für sich ist es jeder Frau selbst überlassen, ob sie sich für einen Wunschkaiserschnitt entscheidet oder nicht. Einige Frauen brauchen aufgrund medizinischer Umstände einen Kaiserschnitt, andere wünschen sich diese Form der Geburt. Es geht nur die Frau und ihren Partner etwas an, wie das Kind auf die Welt kommt, weshalb du selbst für dich entscheiden solltest, wie du dein Kind auf die Welt bringen möchtest, sofern du nicht aufgrund medizinischer Umstände auf jeden Fall einen Kaiserschnitt brauchst.

1.3 Kann mein Partner auch bei einem Kaiserschnitt dabei sein?

Die werdende Mutter sollte sich unter der Geburt immer wohlfühlen. Es ist wichtig, dass sie einen Zustand der Entspannung erreicht, um angenehm entbinden zu können. Für viele werdende Mütter bedeutet das, den Partner mit im Kreissaal zu haben. Auch bei der Geburt über den Kaiserschnitt stellt es in der Regel kein Problem dar, dass der Vater des Kindes mit im Operationssaal steht und die Geburt des Kindes somit mitbekommt.

In dem Falle eines geplanten Kaiserschnittes erfolgt im Voraus ein Gespräch, das beide Elternteile auf den Kaiserschnitt und den Ablauf vorbereitet und dementsprechend die Aufklärungsarbeit leistet. Doch, selbst wenn es während einer natürlichen Entbindung oder aufgrund anderer Umstände kurzfristig zu einem Kaiserschnitt kommen sollte, bleibt in der Regel immer noch genug Zeit und Raum, um den Partner der werdenden Mutter mit in die Geburt einzubeziehen und somit mit in den OP-Saal zu nehmen.

Eine Ausnahme besteht jedoch, wenn die Frau einen Kaiserschnitt unter Vollnarkose bekommt. In diesem Fall darf der Vater nicht mit in den OP-Saal, empfängt aber in der Regel das Baby direkt in den Arm, während die Ärzte die Operation bei der frisch gebackenen Mutter beenden und ihr die Zeit geben, die sie braucht, um aus der Vollnarkose aufzuwachen. Währenddessen kann sich der Vater um das sogenannte „Bonding" (siehe mehr im *Kapitel B Abschnitt 2*) kümmern und den Haut-an-Haut-Kontakt mit dem Baby durchführen.

Die Anwesenheit des Partners im Operationssaal wirkt sich oft sehr positiv auf die Stimmung der werdenden Mutter aus. Zudem weisen Studien und Untersuchungen nach, dass Männer, die der Geburt ihres Kindes beiwohnen, unter der Geburt eine sehr große Menge an Oxytocin ausschütten. Es handelt sich dabei um das Liebeshormon, das sich unter anderem positiv auf die Bindung des Mannes an das Kind und die Frau auswirkt.

1.4 Gibt es Alternativen zur Geburt im Krankenhaus?

In der Regel denken Menschen, dass eine Geburt – ganz egal, ob es sich um eine natürliche Geburt oder um einen Kaiserschnitt handelt, im Krankenhaus erfolgt. Allerdings stehen dir drei andere Alternativen zur Verfügung, die du in Betracht ziehen kannst, wenn du dich mit der Frage beschäftigst, wo die Geburt deines Kindes stattfinden soll.

Viele werdende Eltern spielen mit dem Gedanken, eine **Hausgeburt** durchzuführen und sich dabei von einer Hebamme begleiten zu lassen. Gegen eine Hausgeburt spricht nichts, sofern die Schwangerschaft einwandfrei verlaufen ist und keine Komplikationen vorliegen. Eine ausgebildete Hebamme kann die Risiken sehr gut abschätzen und im Zweifelsfall die Fahrt in das nächste Krankenhaus veranlassen.

Natürlich steht jedoch außer Frage, dass im Krankenhaus direkt ein Team an Ärzten zur Verfügung steht, das direkt eingreifen kann, wenn es zu Komplikationen kommen sollte. Viele Frauen wünschen sich allerdings die entspannte Atmosphäre ihrer eigenen vier Wände, was sich sicherlich auch positiv auf die Stimmung, die Entspannung und somit auf die Geburt auswirken kann.

Allerdings ist die Hausgeburt nicht für alle Paare etwas, weshalb du dich gemeinsam mit dem anderen Elternteil vor dem Treffen dieser Entscheidung intensiv unterhalten solltest. Spreche dabei auch über Ängste und berücksichtige die Ängste deines Partners.

Eine gute Alternative für Paare, die die Geburt des Kindes nicht im Krankenhaus durchführen wollen, sich mit einer Hausgeburt jedoch nicht vollkommen wohl und sicher fühlen, stellt die Geburt in einem sogenannten **Geburtshaus** dar. Dort herrscht eine wohnliche Atmosphäre, Fachpersonal steht zur Verfügung unter bei Bedarf kann der direkte Transport ins Krankenhaus erfolgen.

Die letzte Alternative, die werdenden Eltern haben, wenn sie sich vor dem Krankenhausaufenthalt im Anschluss an die Geburt scheuen und eigentlich gerne direkt nach Hause gehen wollen, stellt die **ambulante Geburt** dar. Sprich: Die Frau bringt das Kind im Krankenhaus auf die Welt und verlässt anschließend das Krankenhaus auf eigene Verantwortung.

1.5 Was für eine Geburt gilt als die Beste für die Mutter und für das Kind?

An und für sich sprechen sich Experten für eine natürliche Geburt aus, weil diese nicht nur für eine schnellere Erholung der Mutter nach der Geburt sorgt, sondern gleichzeitig auch einen besseren Start ins Leben für das Kind sicherstellt. Zahlen bestätigen, dass nur 10 bis 15 Prozent aller in Deutschland durchgeführter Kaiserschnitte eine medizinische Berechtigung haben.

Doch, kein Mensch hat das Recht, der Mutter ein schlechtes Gewissen einzureden, wenn sie sich anstelle einer natürlichen Geburt für einen Kaiserschnitt entscheidet. Was sich anbietet, ist, sich vor der Entscheidungsfindung jeweils intensiv mit allen Geburtsmöglichkeiten auseinanderzusetzen und sich immer wieder vor Augen zu führen, welche Vorteile eine natürliche Geburt mit sich bringt, sofern die medizinischen Umstände keinen Kaiserschnitt verlangen.

Die natürliche Geburt kann dabei auf verschiedene Weise erfolgen. Unter den zwei Dritteln der Frauen, die sich für eine natürliche Geburt entscheiden, entbindet die Mehrzahl im Bett. Nur eine sehr kleine Anzahl entscheidet sich dafür, das Kind im Wasser zur Welt zu bringen.

Im Bett können Frauen zudem zwischen der liegenden, sitzenden, stehenden oder auch knienden Geburt wählen. Grundsätzlich kann nicht gesagt werden, was für das Kind und die Mutter besser ist. Solange sich die Mutter wohlfühlt und die Geburt ohne Komplikationen verläuft, die eine bestimmte Position rechtfertigen würden, kann die Mutter selbst entscheiden, in welcher Position sie ihr Kind zur Welt bringt.

1.6 Was sollte ich über das Wochenbett wissen?

Nach der Geburt müssen sich die Mutter und auch das Kind erst einmal erholen und die kleine Familie muss sich gemeinsam mit dem Vater kennenlernen und ganz viel kuscheln. Nicht umsonst wünschen Freunde und Verwandte nach der Geburt nicht nur alles Gute, sondern auch eine schöne „Kuschel- und Kennenlernzeit".

Den Namen erhält das Wochenbett aufgrund der Tatsache, dass sich die Mutter während dieser Zeit besonders viel Ruhe gönnen sollte. Sie muss die Zeit nicht im Bett verbringen, doch sie sollte sich nicht übernehmen. Schließlich hat sie nach der Geburt auch weiterhin Blutungen und muss sich, sofern sie sich für das Stillen entscheidet, mit dem Aufbau der Stillbeziehung beschäftigen.

Weitere Aspekte, die in Bezug auf das Wochenbett eine wichtige Rolle spielen und interessant zu wissen sind, sind die Folgenden:

- *Während die ersten 10 Tage nach der Geburt die Bezeichnung „Frühwochenbett" tragen, heißt die Zeit nach der Geburt ab dem 11. Lebenstag des Babys „Spätwochenbett".*
- *In dieser Zeit findet eine sehr intensive Bindung zwischen dem Baby und der Mutter sowie zwischen dem Vater und dem Baby statt.*
- *Ruhe und Entspannung stellen das A und O dar.*
- *Eine Nachsorgehebamme prüft die Entwicklung des Kindes und die Gesundheit der Mutter. Sie kann auch bei der Stillbeziehung helfen. In Deutschland hast du als frisch gebackene Mutter einen Anspruch auf eine Nachsorgehebamme.*
- *Sex ist nicht verboten, sollte aber nur dann stattfinden, wenn sich die Frau wirklich bereit fühlt. Wichtig ist, dass du dabei ein Kondom benutzt. Innere Verletzungen, die erst nach und nach heilen, könnten sonst das Risiko mit sich bringen, Keime in sich aufzunehmen, was im schlimmsten Fall zu Entzündungen führen könnte.*
- *Es bietet sich an, dass der frisch gebackene Vater zumindest zum Anfang des Wochenbetts zu Hause ist und der frisch gebackenen Mutter unter die Arme greift – er kann kochen oder einfach seelisch unterstützen, da sein und sein Baby kennenlernen.*
- *Frauen haben in Deutschland bis zu acht Wochen nach der Geburt ein Beschäftigungsverbot und „müssen" sozusagen ins Wochenbett. Wie du dieses dann gestaltest, ist dir überlassen.*

1.7 Wie kann ich selbst, mein Partner, meine Familie erkennen, dass ich Anzeichen einer Wochenbettdepression zeige?

Die Geburt stellt ein sehr einschneidendes Ereignis in dem Leben eines Paares dar. Vor allem die Frau, die das Baby in ihrem Bauch getragen und auf die Welt gebracht hat, hat nach der Geburt einige Dinge zu verarbeiten, während sie sich gleichzeitig an viele neue Sachen gewöhnen muss. Es ist alles neu und die Hormone spielen wieder einmal verrückt.

Unter Umständen kann es sogar dazu kommen, dass Frauen nach der Geburt eine sogenannte Wochenbettdepression entwickeln. Grundsätzlich besteht zwischen den Symptomen einer Wochenbettdepression kein großer Unterschied zu jenen einer „normalen" Depression:

- *Der Mutter fällt es schwer, sich um das Baby zu kümmern.*
- *Oft hat die Mutter Probleme damit, empathisch und einfühlsam auf das Baby einzugehen.*
- *Viele Mütter isolieren sich selbst und haben das Gefühl, sich selbst nicht mehr zu kennen.*
- *Die Mutter fühlt sich niedergeschlagen und verliert das Interesse in alles, was sie umgibt.*
- *Oft fühlt sich die Mutter so, als ob sie nicht mehr fröhlich sein kann.*
- *Der Mutter mangelt es an Antrieb und Motivation.*
- *Oft weint die Mutter, ist ängstlich und leidet unter Schlafstörungen (sowohl Einschlaf-, als auch Durchschlafstörungen).*

- *Die Mutter beschäftigt sich lange mit dem Grübeln und hat viele Selbstzweifel. Sie zweifelt oft auch an ihrer eigenen Fähigkeit als Mutter.*
- *Ein Mangel an Appetit stellt keine Seltenheit dar. Das kann sich wiederum negativ auf die Milchproduktion der Mutter auswirken, was in ihr wiederum ihre Selbstzweifel stärkt und ihre Vermutung, eine schlechte Mutter, die sich nicht um ihr Kind kümmern kann, zu bestätigen scheint.*
- *In besonders schweren Fällen kann es sein, dass die Mutter Gedanken daran hat, sich oder dem Baby etwas anzutun.*

Um unter einer Wochenbettdepression zu leiden, muss keine depressive Vorerkrankung vorliegen. Im Durchschnitt trifft diese Depression 8 von 100 Frauen. Da aufgrund der Tatsache, dass die Hormone nach der Geburt Party feiern, viele der oben genannten Symptome durchaus normal sind, ist erst dann die Rede von einer Depression, wenn die Mutter die genannten Symptome über einen Zeitraum von mehr als zwei Wochen aufweist.

Da viele Mütter aus Angst davor, keine gute Mutter zu sein, Hemmungen davor haben, über ihre Gefühle zu sprechen, ist es umso wichtiger, dass der Partner und auch andere enge Verwandte und Freunde im Umfeld auf diese möglichen Anzeichen achten und rechtzeitig eingreifen.

Denn die gute Nachricht ist, dass die Depression gut behandelt werden kann, wenn die betroffenen Mütter Hilfe erhalten. Andernfalls besteht die Gefahr, dass die Wochenbettdepression nicht nur lange andauert, sondern sich sogar zu einer chronischen Erkrankung entwickelt.

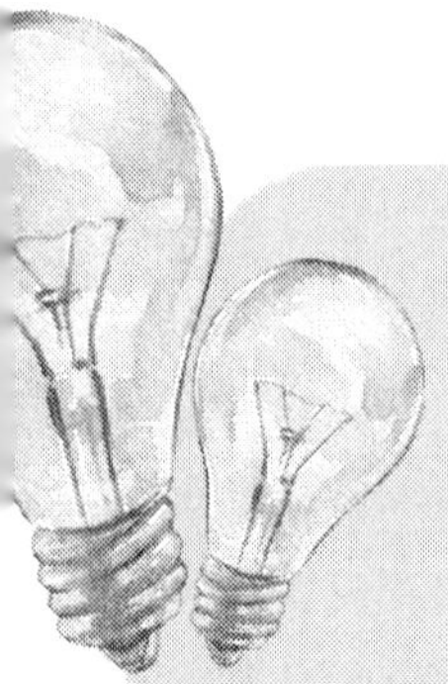

Hinweis:

Die Wochenbettdepression unterscheidet sich von dem sogenannten Babyblues, der oft in den ersten Tagen nach der Geburt auftritt und sich durch Stimmungsschwankungen und Stimmungsabfälle äußert.

Behalte stets im Blick, dass du keine schlechte Mutter bist, wenn du von der Wochenbettdepression betroffen bist. Ob du eine Wochenbettdepression hast oder nicht, sagt absolut nichts über deine Qualitäten als Mutter aus!

2. Plazenta

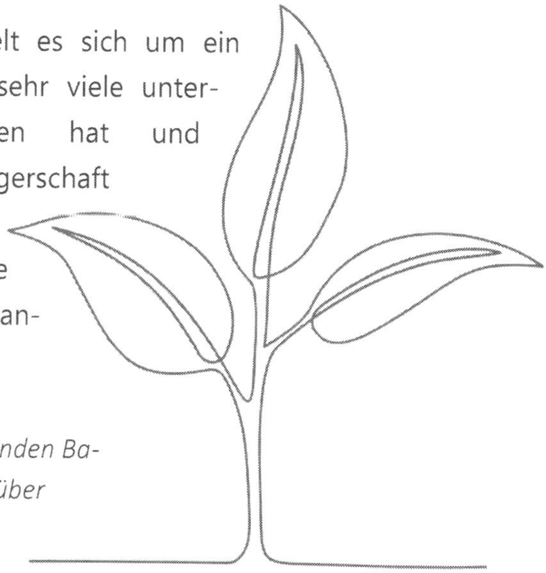

Bei der Plazenta handelt es sich um ein wahres Wunder, das sehr viele unterschiedliche Funktionen hat und während der Zeit der Schwangerschaft das Zuhause des Babys darstellt. Zu den Funktionen, welche die Plazenta hat, gehören unter anderem die Folgenden:

- *Versorgung des heranwachsenden Babys. Diese Versorgung findet über die Blutgefäße statt. Über diese erreichen sowohl Nährstoffe als auch Sauerstoff das Baby, sodass es wachsen und sich angemessen entwickeln kann.*
- *Transport der Abfallstoffe ins mütterliche Blut.*

Doch, nicht nur während der Schwangerschaft hat die Plazenta viele sehr wichtige Aufgaben. Auch nach der Geburt kannst du von ihr profitieren, weshalb sich unter anderem die Frage danach lohnt, was du nach der Geburt mit der Plazenta machen kannst.

2.1 Was sollen wir mit der Plazenta machen? Welche Rituale gibt es rund um das Thema?

Was kannst du alles mit deiner Plazenta nach der Geburt machen? Welche Rituale wenden Frauen auf der ganzen Welt an? Vielleicht spricht dich eines dieser Rituale an:

1) Die Lotusgeburt

Bei dieser Option handelt es sich nicht direkt um eine Verwendung der Plazenta, sondern mehr um die Tatsache, dass die Hebammen (oder ggf. der Partner oder eine andere Begleitperson im Kreissaal) nicht die Nabelschnur trennen, die das Kind mit der Plazenta verbindet. Vielmehr sieht es die Lotusgeburt vor, die Nabelschnur an dem Baby zu lassen und somit auch die Plazenta zu behalten, bis die Nabelschnur nach wenigen Tagen nach der Geburt von alleine abfällt.

In diesem Zusammenhang spielt es eine wichtige Rolle, die Plazenta angemessen zu konservieren. Ansonsten besteht die Gefahr, dass sie fault. Unter Umständen kannst du:

- *sie in ein Säckchen mit Speisesalz geben;*
- *ätherische Öle für einen besseren Duft zu ihr hinzugeben;*
- *getrocknete Kräuter nutzen, um diese auf die Plazenta zu geben.*

Die Vorteile dieser Lotusgeburt sehen die Befürworter in den folgenden Punkten:

- *Das Baby und die Eltern empfinden das natürliche Abfallen der Nabelschnur als weniger traumatisch im Vergleich zum Durchtrennen mit der Schere.*
- *Da sich knapp ein Viertel des Kindsblutes in der Nabelschnur sowie in der Plazenta befindet, soll die Lotusgeburt das Baby vor einem Blutverlust schützen.*

Allerdings bieten nicht alle Kliniken die Option der Lotusgeburt an. Solltest du also bereits während der Schwangerschaft die Entscheidung treffen, eine Lotusgeburt machen zu wollen, sprichst du am besten im Voraus mit den Hebammen vor Ort und klärst, inwiefern sie deinem Wunsch der Lotusgeburt nachgehen können.

2) Das Essen der Plazenta

Im ersten Moment mag sich dieser Brauch etwas komisch anhören. Doch, mit einem Blick auf die Natur scheint es vollkommen normal zu sein, dass Tiere ihre Plazenta fressen, wenn die Geburt ihrer Jungen vorbei ist. Sehr viele Säugetiere fressen Ihre Plazenta, weil sie nach der Geburt nicht direkt wieder auf Jagd gehen können und sich durch die Plazenta somit mit Nahrung versorgen, um sich besser um die Jungen kümmern zu können.

Wie du mit Sicherheit weißt, orientieren sich die Menschen in Bezug auf sehr viele Dinge (wie unter anderem das Fliegen) an der Natur. Es stellt somit keine sonderlich große Überraschung dar, dass sich die Menschheit auch den Verzehr der Plazenta nach der Geburt von der Natur abgeschaut hat.

In der Tat stecken in der Plazenta viel Eisen und Vitamin B. Aus diesem Grund essen viele Mütter ihre Plazenta in der Form unterschiedlicher Speisen, wie zum Beispiel einem Smoothie, und erhoffen sich davon viele Vorteile. Eine andere Möglichkeit besteht auch darin, die Plazenta zu trocknen, zu Pulver zu verarbeiten und dann zu essen.

Unter anderem werden diesem Brauch folgende vorteilhafte Aspekte zugesprochen:

- *Vorbeugen gegen Depressionen;*
- *Lindern der Schmerzen (Nachwehen, die nach der Geburt auftreten können);*
- *Verbesserung des Hautbildes;*
- *Ankurbelung der Milchbildung.*

Natürlich solltest du diesbezüglich nie vergessen, dass die Plazenta auch recht viele Schadstoffe enthalten kann. Schließlich transportiert sie die Abfallstoffe in das Blut der Mutter. Bei diesem Vorgang bleiben immer einige Reste in der Plazenta zurück.

3) Die Herstellung von Plazentanosoden bzw. Globuli aus der Plazenta

Nicht selten haben Frauen Hemmungen davor, die Plazenta zu essen, wollen aber dennoch von den Vorteilen profitieren, die sie mit sich bringen soll. In diesem Fall kann es eine gute Alternative darstellen, sich sogenannte Plazentanosoden herstellen zu lassen.

Bei den Nosoden handelt es sich um ein homöopathisches Arzneimittel, das du in der Form von Globuli einnehmen kannst. Um diese herstellen zu können, brauchst du ein Stück der Plazenta. Es reicht oft ein Stück in der Größe einer Bohne aus. Wenn du die Entscheidung triffst, die Plazentanosoden herstellen lassen zu wollen, gehst du für diese Zwecke vor der Geburt in die Apotheke. Dort bekommst du ein Fläschchen, das eine bestimmte Lösung enthält. In dieses Fläschchen legst du dann nach der Geburt das bohnengroße Stück der Plazenta.

Am besten beauftragst du deinen Partner oder eine andere Person nach der Geburt dazu, das Fläschchen mit der Plazenta wieder in der Apotheke abzugeben. (So kannst du dich besser entspannen und das Wochenbett genießen, ohne direkt von A nach B zu rennen und dich um Erledigungen zu kümmern). Wenig später kannst du dir dort dann die fertigen Globuli abholen.

Doch, worin liegen die positiven Aspekte dieser Globuli? Welche Wirkung wird ihnen zugesagt?

Bei all diesen im Folgenden dargelegten Wirkungen handelt es sich jedoch „nur" um Erfahrungen von Hebammen, Therapeuten und Müttern, welche diese über Generationen hinweg weitergegeben haben und nicht um wissenschaftlich fundierte Aussagen.

Bei der Mutter sollen die Globuli:

- *eine schnellere Rückbildung begünstigen;*
- *die Produktion der Milch anregen und einen späteren Prozess des Abstillens unterstützen;*
- *Menstruationsschmerzen lindern;*

- *bei Problemen, die während der Wechseljahre auftreten können, helfen.*

Das Kind hingegen soll in den Genuss der folgenden positiven Aspekte kommen:

- *Schwächen von Koliken;*
- *Abhilfe bei Kinderkrankheiten und Kinderinfekten.*

Nicht nur Mutter und Kind, sondern auch andere Mitglieder der Familie sollen von den Globuli profitieren können, da diese:

- *bei Hauterkrankungen unterstützten;*
- *Allergien schwächen;*
- *bei Migräne helfen;*
- *Atemwegsprobleme verbessern.*

Sicherlich können die Kosten für die Herstellung dieser Globuli variieren, in der Regel kannst du mit einem Kostenaufwand von circa 100 Euro rechnen.

4) Die Herstellung von Plazenta-Kosmetik

Vor allem in den 1980er Jahren war es sehr beliebt, die Plazenta zu Kosmetik zu verarbeiten. Inzwischen entscheiden sich nicht mehr allzu viele Menschen für diese Verwendungsart. Doch, wenn du dich dafür interessierst, kannst du dir durchaus Kosmetika, wie Gesichtscremes und Gesichtsmasken herstellen lassen. Wenngleich nicht wissenschaftlich belegt, wird der Plazenta-Kosmetik aufgrund der

Wachstumshormone in der Plazenta eine hautverjüngende Eigenschaft nachgesagt.

5) Das Pflanzen eines Baumes

Bestimmt hast du schon einmal etwas von dem Lebensbaum gehört, den du dir unter anderem als Schmuckstück kaufen kannst. Doch, wie wäre es, wenn du dich nicht nur mit einem Lebensbaum in der Form einer Kette, eines Armbandes oder eines Ohrrings schmückst, sondern einen echten Baum des Lebens pflanzt? Wie wäre es, wenn du aus dem Wunder des Lebens, das für neun Monate in deinem Bauch gewachsen ist, ein weiteres Wunder in die Welt setzt, indem du deine Plazenta in den Boden pflanzt und aus ihr einen wundervollen Baum – deinen ganz persönlichen Baum des Lebens – entstehen lässt?

Nicht umsonst weist die Plazenta eine Ähnlichkeit mit einem Baum auf, wenn man diese nach der Geburt genauer betrachtet. Denn die Oberfläche der Plazenta besteht unter anderem aus sehr vielen Verästelungen. Durch diese entstand überhaupt erst der Begriff des Lebensbaums.

Grabe die Plazenta gemeinsam mit einem kleinen Bäumchen in die Erde und sehe dabei zu, wie aus dem Organ, in dem dein Baby gewachsen ist, ein neues Leben entsteht.

6) Das Plazenta-Bild

Viele Frauen wünschen sich eine Erinnerung an ihre Plazenta und lassen diese somit fotografieren. Andere Mütter entscheiden sich hingegen für einen Plazenta-Abdruck.

Für diese Zwecke muss die Plazenta nach der Geburt auf ein Papier gepresst werden. Dies steht im Zusammenhang mit Blut. Eine gute Alternative stellt das Abwaschen der Plazenta dar, um den Abdruck anschließend mit Farbe machen zu können.

7) Das Spenden der Plazenta an die Forschung

Wenn du deine Plazenta nicht weiterverwenden möchtest, kannst du dir überlegen, ob du sie, anstatt sie einfach entsorgen zu lassen, vielleicht an die Forschung spenden magst. Vor allem die Pharmaforschung nutzt diese Organe, um zu prüfen, inwiefern sie sich für die Herstellung von Medikamenten anbieten. Nicht selten fragen die Hebammen im Krankenhaus nach, ob sie deine Plazenta nach der Geburt für die Forschung spenden dürfen. Du darfst das natürlich ablehnen und musst nicht zustimmen.

2.2 Ist es ratsam Stammzellen oder Blut aus Nabelschnur und Plazenta zu konservieren?

Sehr viele Eltern fragen sich, ob sie die Stammzellen oder das Blut aus der Nabelschnur und aus der Plazenta aufbewahren bzw. einfrieren lassen oder ggf. spenden sollen. Diese Frage basiert auf den vielen Vorteilen, die den Stammzellen nachgesagt werden. In der Tat steht außer Frage, dass viele positive Aspekte mit den Stammzellen einhergehen und sie vor allem bezüglich der Behandlung von Leukämie bei Kindern eine wichtige Rolle spielen können.

Die Vorteile beziehen sich konkret auf folgende Aspekte:

- *Leichte Abnabelung des Blutes mit den enthaltenen Stammzellen, ohne dass das Kind oder die Mutter etwas davon merken bzw. Schmerzen verspüren.*
- *In flüssigem Stickstoff kann das Blut mit den Stammzellen über viele Jahre hinweg eingefroren werden.*
- *Durch die Tatsache, dass die Stammzellen sehr jung sind und sich somit theoretisch noch zu jedem beliebigen Organ entwickeln können, da ihre Funktion noch nicht bestimmt ist, können sehr viele Spender von diesen Stammzellen profitieren.*
- *Deutlich geringeres Risiko einer Abstoßungsreaktion, weil die jungen Zellen recht unreif und somit nicht sehr gut dazu in der Lage sind, eine abwehrende Reaktion hervorzurufen.*

Unter anderem sollen diese Stammzellen dabei helfen können, Blutkrebs und Erbkrankheiten behandeln zu können. Allerdings wenden die Mediziner Blut eines fremden Spenders kaum ein und auch die Verwendung des eigenen Nabelschnurblutes stellt eine große Ausnahme dar. Grund dafür ist die Tatsache, dass sich die Vorläufer der Krebszellen schon vor der Geburt bilden und somit auch zum Teil in der Nabelschnur enthalten sind. Durch die Verwendung der Stammzellen würden diese wieder zurück in den Körper gelangen und somit das Risiko, erneut an Krebs zu erkranken, erhöhen.

Somit musst du für dich selbst entscheiden, ob du die Stammzellen nach der Geburt einfrieren möchtest. Die Forschung ist noch lange nicht am Ende ihrer Kapazitäten angekommen und untersucht die Stammzellen sowie ihren Einsatz und ihre Wirkung weiter. Für die Einlagerung musst du jedoch mit Kosten in der Höhe von 2.000 Euro rechnen.

3. Transport nach der Geburt nach Hause

Wenn du nicht zu Hause entbindest, sondern dich für die Geburt in ein Geburtshaus oder ein Krankenhaus begibst, kommt nach der Geburt (sei es einige Stunden danach oder auch einige Tage hinterher) zur Heimfahrt mit deinem Baby. Zum ersten Mal bringt du dein Baby nach Hause, wo du seit Monaten auf seine Ankunft gewartet hast.

Vielleicht hast du bereits schon einmal von dem Spruch gehört, dass mit der Geburt eines Kindes die Sorgen nie wieder weggehen und du dir ständig Gedanken bezüglich des Wohlergehens deines Kindes machst. Aus diesem Grund beschäftigt sehr viele Eltern die Frage danach, wie sie das Baby am besten nach Hause bringen und worauf sie dabei kleidungstechnisch achten sollen.

3.1 Worauf muss ich achten, wenn Mutter und Kind zum ersten Mal nach Hause fahren?

Wenn die Mutter und das Kind zum ersten Mal nach der Geburt im Krankenhaus oder im Geburtshaus nach Hause fahren, sollten sie immer ein paar wichtige Aspekte im Hinterkopf behalten, um die Fahrt für alle Beteiligten so angenehm wie nur möglich zu gestalten.

In der Regel erfolgt die Fahrt nach Hause mit dem Auto, weshalb die wichtigste Grundvoraussetzung das Vorhandensein einer Babyschale darstellt. In dieser findet dein Baby angenehm Platz und du kannst entspannt und sicher mit ihm nach Hause fahren. Am besten fährt jedoch nicht die Mutter, die sich noch von der recht anstrengenden Geburt erholen muss, sondern der Partner oder ein anderes Familienmitglied.

Am besten achtest du in Bezug auf die Babyschale zum einen darauf, dass du sie über eine Isofix-Befestigung im Auto anbringen kannst. Das erleichtert dir die Installation ungemein. Zum anderen ist der Airbag zu deaktivieren, falls du die Babyschale auf den Beifahrersitz stellen und dort nutzen möchtest. Allerdings weisen Experten darauf hin, die Babyschale mit dem Baby auf einem der hinteren Sitze zu installieren, um ein höheres Maß der Sicherheit garantieren zu können. Empfehlenswert ist, den Einbau der Babyschale während der Schwangerschaft zu üben, sodass bei der Fahrt aus dem Krankenhaus nach Hause alles glatt geht und du bzw. dein Partner genau wisst, wie ihr mit der Babyschale umgehen müsst.

Wenn du dir diese Tipps und Hinweise bezüglich der Babyschale zu Herzen nimmst, steht einer sicheren Fahrt nach Hause eigentlich nichts mehr im Wege. Wichtig ist, dass du dein Baby niemals in den Arm nimmst, während sich das Auto in Bewegung befindet. Natürlich möchtest du deinem Baby so nah wie möglich sein oder vielleicht möchte es auch gestillt werden. Die Sicherheit geht aber immer vor und, falls dein Baby unruhig wird, machst du lieber eine Pause, um es in den Arm zu nehmen.

Fahrt außerdem langsam, um vor allem der Mutter, die gerade entbunden hat, die Fahrt so angenehm wie nur möglich zu gestalten.

Sollte sich das Krankenhaus nicht weit von deinem Zuhause befinden, kannst du dir natürlich auch überlegen, dein Kind in das Tragetuch zu wickeln oder in den Kinderwagen zu legen und zu laufen. Höre aber immer auf dein Bauchgefühl und auf deinen Körper. Als Mama hast du gerade ein Kind zur Welt gebracht und es ist mehr als legitim, wenn du nicht laufen möchtest, sondern lieber im Auto fährst.

3.2 Wie ziehe ich mein Kind optimal für die erste Heimfahrt an?

Eine weitere wichtige Frage, die sich Eltern in Bezug auf die erste Heimfahrt mit dem Baby stellen, ist die Frage nach der richtigen Kleidung.

An und für sich ist es wichtig, dass sich dein Baby immer in gemütlichen Anziehsachen befindet, die es nicht in seiner Bewegung einschränken und zudem angenehm auf der sensiblen Babyhaut aufliegen. Zudem spielt natürlich auch die Jahreszeit eine wichtige Rolle und bestimmt mit ihren Temperaturen, welche Kleidung du am besten für dein Baby wählst. Am besten packst du die Kleidung direkt in die Kliniktasche, die du vor der Geburt zusammenstellst.

Behalte aber selbst in der kalten Jahreszeit im Hinterkopf, dass das Tragen sehr dicker Winterkleidung in der Babyschale gefährlich sein kann. Denn durch ihre Beschaffenheit beeinflusst sie die Führung des

Gurtes negativ. Besser ist es, dein Kind nach dem Anschnallen mit einer Decke zuzudecken und so warm zu halten. Alternativ kannst du dich auch für den Kauf von Einschlagdecken und Fußsäcken entscheiden, die Hersteller speziell für ihre Babyschalen auf dem Markt anbieten.

3.3 Welches Transportmittel ist gleichermaßen praktisch und sicher?

Warum müssen es sich Menschen schwer machen, wenn es auch einfach geht? In der Tat kannst du durch die Verwendung einer Babyschale zwei Fliegen mit einer Klappe schlagen, sofern du beim Kauf darauf achtest, dass du diese auf das Gestell eines Kinderwagens setzen und zu derselben Zeit sicher als praktischen Autositz für dein Baby nutzen kannst. So kannst du dein Kind nicht nur sicher im Auto anschnallen und mit ihm von A nach B fahren, sondern du musst es nicht wecken, wenn es im Auto oder während des Spaziergangs im Kinderwagen einschläft.

In diesem Zusammenhang ist es für dich interessant zu wissen, dass sich Babyschalen durch zwei verschiedene Einbaumöglichkeiten auszeichnen nämlich:

- *ISOfix-Basisstation und*
- *Befestigung mit dem 3-Punktgurt des Fahrzeuges.*

Während die ISO-fix-Basisstation fest auf einem Sitz montiert wird und du die Babschale somit nur in diese einrasten und wieder aus ihr herausholen musst, erfordert die Befestigung mit dem Gurt mehr Zeit und Aufwand. Denn du musst den Gurt jedes Mal aufs Neue auf

eine bestimmte Weise durch die Babyschale führen, um sie befestigen zu können.
Somit besteht zwischen diesen beiden Varianten bezüglich des Komforts ein großer Unterschied. In der Sicherheit stehen sie sich hingegen in Nichts nach, sodass du ganz alleine entscheiden kannst, für welche du dich entscheidest. Für den Komfort empfehlen viele Menschen eine ISOfix-Basisstation zu nutzen, sofern sich das Fahrzeug für ihren Einbau anbietet. Das ist nämlich nicht bei allen Modellen (vor allem nicht bei älteren Autos) möglich.

Wenngleich es sich bei der Babyschale um ein sehr sicheres Transportmittel handelt, solltest du immer im Hinterkopf behalten, dass sich dein Baby nie länger als eine Stunde am Stück in ihr aufhalten sollte. Wusstest du, dass die Muskeln deines Babys noch nicht voll entwickelt und somit recht weich sind? Lässt du es über einen längeren Zeitraum hinweg in der leicht gebeugten Position in der Babyschale, kann dies die Entwicklung der Knochen negativ beeinflussen.

Das ist auch der Grund für die Tatsache, dass sich viele Eltern für das Tragen im Tragetuch entscheiden. Neben all den Vorteilen, die das Tragen mit sich bringt, können sie so verhindern, dass der Kopf des Babys hinten durch das viele Liegen zu sehr abflacht. Mehr darüber folgt im *Abschnitt 8.3*.

3.4 Wie warm braucht es ein Baby?

Hat es mein Baby warm genug? Schwitzt mein Kind? Was ziehe ich meinem Baby an? Fragen über Fragen kreisen in deinem Kopf herum, wenn es um den Umgang mit deinem Baby geht.

An und für sich gilt für die Kleidung deines Kindes, es genau so anzuziehen, wie du dich anziehst. Da sich die Babys jedoch noch nicht so viel bewegen, bietet es sich durchaus an, ihnen eine Schicht mehr anzuziehen, als du dir selbst anziehen würdest.

Was allerdings nahezu nie fehlen sollte, ist eine Mütze auf dem Kopf deines Babys – vor allem in den ersten 6 bis 12 Lebenswochen. Auch im Sommer solltest du auf eine leichte Baumwollmütze zurückgreifen, die dein Baby auf der einen Seite vor dem Wärmeverlust und auf der anderen Seite vor der Sonne schützt.

Tagsüber empfiehlt sich für dein Baby eine Raumtemperatur von zwischen 18 und 20 Grad, während es in der Nacht durchaus etwas kühler sein darf – eine Temperatur zwischen 16 und 18 Grad stellt sich nachts als sehr angenehm für Babys heraus.

Wenngleich du darauf achtest, dass es dein Baby aufgrund seiner Kleidung und der Umgebungstemperatur weder zu warm noch zu kalt hat, bietet es sich für dich immer an, zu prüfen, ob dein Kind vielleicht zu kalt oder zu warm ist. Am besten machst du dies, indem du deine Finger in den Nacken deines Babys legst:

- *Ist der Nacken sehr sehr kalt, heißt das oft, dass es deinem Kind kalt ist und du ihm deshalb besser noch etwas anziehst. Kalte Füße hingegen heißen nicht zwingend, dass dein Baby friert. Es kommt in der Tat oft vor, dass Babys kalte Füße haben. Grund dafür ist, dass die Durchblutung der Hände und der Füße bei Kindern noch nicht perfekt funktioniert und Babys somit durchaus auch dann kalte Füße haben können, wenn sie gar nicht frieren und wenn es ihnen warm ist.*

- *Ist der Nacken deines Kindes sehr warm oder sogar feucht, deutet dies darauf hin, dass es schwitzt, weshalb du ihm in diesem Fall am besten etwas ausziehst. Auch ein Blick auf das Köpfchen kann darauf hinweisen, dass es schwitzt, sofern es eine rote Farbe aufweist.*

Interessant zu wissen ist diesbezüglich, dass Babys noch nicht dazu in der Lage sind, ihre Körpertemperatur selbst zu regulieren, weshalb sich nicht zwingend die für das Schwitzen bekannten Schweißperlen auf seiner Stirn bilden. Das ist auch der Grund dafür, den Nacken zu prüfen, um feststellen zu können, ob es deinem Baby zu warm oder eventuell zu kalt ist.

4. Die Hormonumstellung

Nicht nur während der Schwangerschaft feiern die Hormone Party und sorgen somit für die unterschiedlichsten Symptome wie Stimmungsschwankungen, Heißhungerattacken, Vergesslichkeit, Müdigkeit uvm. Auch nach der Geburt wird die Feier fortgesetzt. Schließlich müssen nicht nur die zwei Streifen auf dem Schwangerschaftstest, sondern im Anschluss auch die Geburt gehörig gefeiert werden oder?

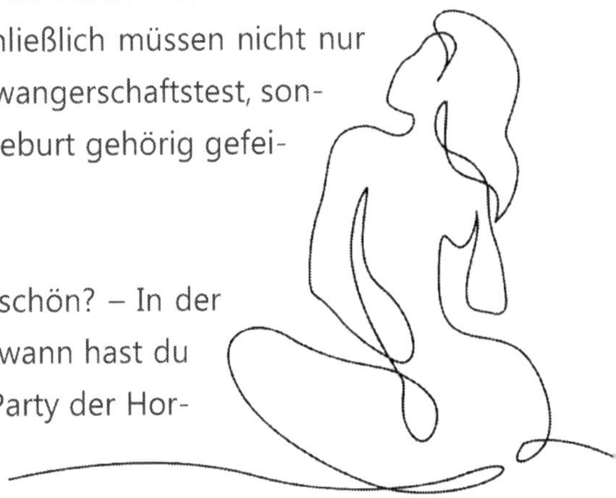

Aber, wie sagt man doch so schön? – In der Kürze liegt die Würze! Irgendwann hast du auch einfach genug von der Party der Hormone und wünschst dir nichts mehr, als einfach deine Ruhe zu haben.

4.1 Was passiert bei der Hormonumstellung und warum ist sie so wichtig?

Die Hormonumstellung startet bereits mit der Geburt der Plazenta, mit welcher sehr viele Schwangerschaftshormone den Körper verlassen. An der Stelle der Schwangerschaftshormone fahren nun die anderen Hormone in deinem Körper wieder hoch, weshalb erst einmal Chaos herrscht. Doch, die Umstellung der Hormone ist sehr wichtig für dich, deinen Körper sowie für dein Baby und das Stillen.

Mit der Geburt der Plazenta sinken die Schwangerschaftshormone Östrogen, Progesteron, hPL (humanes Plazentalaktogen) und auch hCG (humanes Choriongonadotropin), während die Stillhormone Prolaktin und Oxytocin steigen.

Wenn du dich für das Stillen entscheidest, bleiben diese beiden Stillhormone konstant in deinem Körper. Entscheidest du dich gegen das Stillen, sinken diese beiden Hormone innerhalb der ersten Wochen nach der Geburt ab. Das heißt für dich aber auch, dass du deine Menstruationen wieder bekommst, was bei den meisten Frauen, die viel Stillen, in der Regel nicht der Fall ist.

Einige Symptome, die die Party deiner Hormone und die damit im Zusammenhang stehende Veränderung bei dir hervorrufen können, sind die Folgenden:

- *Haarausfall aufgrund des Östrogenspiegels, der nach der Geburt rapide sinkt. Nach circa 6 Monaten bis zu einem Jahr wird sich dein Östrogenspiegel wieder eingependelt haben und der Haarausfall hat ein Ende.*
- *Milcheinschuss durch die Stillhormone. ACHTUNG: Es stimmt nicht, dass das Stillen ein natürliches Verhütungsmittel ist. Zwar können die Hormone unterbinden, dass ein Eisprung stattfindet. Dies ist aber nur dann der Fall, wenn du sehr viel und sehr regelmäßig stillst. Auf keinen Fall solltest du dich jedoch nur auf das Stillen als Verhütungsmittel verlassen.*
- *Rückbildung der Gebärmutter durch das Hormon Oxytocin. Dieses trägt unter anderem die Bezeichnung „Kuschelhormon“ und unterstützt als solches die Bindung zwischen dir und deinem Baby.*
- *Schwitzen*
- *Probleme mit der Verdauung*

- *Müdigkeit – ja, du kannst sie auch auf deine Hormone und nicht nur auf die schlaflosen Nächte schieben. Der Abfall von Oxytocin ruft oft, gemeinsam mit der allgemeinen Anstrengung der Geburt diese Müdigkeit hervor. An dieser Stelle ein kleiner Fun-Fact: Wissenschaftler haben herausgefunden, dass die körperliche Herausforderung während der Schwangerschaft einem 9-monatigen Marathonlauf gleichzusetzen ist. Dazu gesellen sich die Anstrengungen unter der Geburt und schon weißt du, warum du so müde bist!*
- *Stimmungsschwankungen und der sogenannte Babyblues, über den du unter dem Kapitel „Wochenbett" (Kapitel A Abschnitt 1.5) mehr erfährst.*

Wie du siehst, scheint das Hormon, das am härtesten Party in deinem Körper feiert, das Hormon Oxytocin zu sein. Immerhin kennst du nun den Übeltäter und kannst ihn beim Namen nennen.

Wie lange dein Körper braucht, um den Normalzustand des Hormonhaushaltes nach der Geburt wieder herzustellen, ist von Frau zu Frau unterschiedlich. Durchschnittlich kannst du mit einem Zeitraum von 9 Monaten rechnen.

4.2 Wie kann ich die Hormonumstellung nach der Geburt abfedern? Gibt es Dinge, die nachweislich helfen?

Die Umstellung des Hormonhaushaltes ist weder zum Anfang der Schwangerschaft noch nach der Geburt ein Zuckerschlecken für dich und für deinen Körper. Gebe deinem Körper aus diesem Grund die Zeit, die er braucht, um sich von den Strapazen der Schwangerschaft und der Geburt zu erholen und um den Normalzustand des Hormonhaushaltes wieder herstellen zu können.

Zu Recht natürlich fragst du dich, ob es vielleicht ein paar Tipps und Tricks gibt, die dir bezüglich eines besseren Umgangs mit der Hormonumstellung helfen. An und für sich musst du dir jedoch vor Augen führen, dass du gegen die Umstellung und die Folgen, die diese mit sich bringt, nicht wirklich etwas machen kannst. Wie sagt man doch so schön? – Es ist nicht das, was es ist, sondern das, was man daraus macht.

Versuche den Spruch so zu sehen:

- *Es ist, was es ist. Du hast ein Baby auf die Welt gebracht.*
- *Du machst das Beste draus. Du nutzt die Zeit, um dich zu erholen, zu Entspannen und die Bindung zwischen dir und deinem Baby zu stärken.*

Es bringt nichts, sich über Dinge, die man nicht ändern kann, aufzuregen. Das sorgt nur für Stress, schlechte Laune und Frust, was wiederum dein Baby als kleiner Gefühlsmagnet spürt und unruhig macht. Ohne euch so gegenseitig hochzuschaukeln, ist es für dich am besten, dich mit dem Status Quo abzufinden und mit ein paar kleinen Hausmittelchen die Begleiterscheinungen der Veränderung der Hormone etwas zu mindern.

1) Der Haarausfall

Bevor dir dein Kind im Teenageralter die Haare vom Kopf frisst, kannst du dich schon einmal auf die Zeit einstimmen, wenn dir nach der Geburt die Haare vom Kopf fallen. Natürlich mag das im ersten Moment nicht schön sein, doch der Haarausfall dauert nicht ewig an. Behalte immer im Hinterkopf, dass Faktoren wie:

- *Anstrengungen,*
- *Schlafmangel,*
- *Stress und*
- *Mangelernährung*

den Haarausfall verstärken können. Nicht umsonst solltest du das Wochenbett nach der Geburt ernstnehmen und dich so viel entspannen, wie dir nur möglich ist.

Um den Haarausfall positiv beeinflussen zu können, kannst du neben der Ruhe, die du deinem Körper unbedingt geben musst, auch folgende Tipps zu Herzen nehmen:

- *Eine gesunde und ausgewogene Ernährung;*
- *Verwendung sanfter Shampoos, die deine Haare und auch deine Kopfhaut schonen;*
- *Verzicht auf Pferdeschwänze – trage deine Haare, so oft es geht, offen;*
- *Massage der Kopfhaut, um die Durchblutung zu fördern.*

2) Die Verdauungsprobleme

Um besser mit den Verdauungsproblemen umgehen zu können, solltest du in erster Linie die Ruhe und Entspannung ernst nehmen. Bestimmt hast du schon von der sogenannten Psychosomatik gehört. Wenn du gestresst bist und nicht zur Ruhe kommst, reagiert dein Körper oft mit physischen Beschwerden darauf. Neben der Entspannung solltest du aber auch auf deine Ernährung achten:

- *Trinke viel Wasser oder Tee. Das ist auch für die Milchproduktion gut, falls du stillst.*
- *Mache kleine Spaziergänge und höre dabei auf deinen Körper - überanstrenge ihn nicht.*
- *Achte auf eine ballaststoffreiche Ernährung (Leinsamen, Vollkornprodukte, Weizenkleie).*

- *Esse getrocknete Pflaumen und achte dabei darauf, ausreichend Flüssigkeit zu dir zu nehmen. Unter dieser Voraussetzung kannst du deinem Körper dabei helfen, die Verdauung anzuregen.*
- *Warmer Apfelsaft soll sich ebenfalls positiv auf die Verdauung auswirken.*

3) Das Schwitzen

Selbst Frauen, die eigentlich nicht viel schwitzen, stellen nach der Geburt bei sich fest, sehr schnell ins Schwitzen zu kommen. In diesem Fall kannst du versuchen, diesem Schweiß durch folgende Tipps vorzubeugen:

- *Wechselduschen (warm und kalt) an den Füßen und an den Beinen;*
- *Tee aus Zitronenmelisse oder Salbeitee, die schweißhemmende Eigenschaften mit sich bringen sollen. Behalte aber immer im Hinterkopf, dass Salbeitee während der Stillzeit einen negativen Einfluss auf die Milchproduktion haben kann.*
- *Absenken der Temperatur im Raum;*
- *Kleidung und Bettwäsche aus atmungsaktiven Stoffen.*

An und für sich stellen jedoch Ruhe, Entspannung und Fürsorge während der Zeit nach der Geburt die wichtigsten Aspekte dar, um deinem Körper die besten Rahmenbedingungen für eine schnelle Erholung bieten zu können.

Wende dich unter anderem auch an deine Hebamme, um sie nach Tipps und Tricks zu fragen und dich von ihr bezüglich der Umstellung der Hormone in deinem Hormonhaushalt beraten und aufklären zu lassen. Oft kennen Hebammen andere gute Tipps, an denen du dich orientieren kannst.

5. Die Rückbildungsgymnastik

Während des Wochenbettes ist es für dich sehr wichtig, dich zu entspannen, dich an den neuen Alltag als Mama zu gewöhnen und dein Baby kennenzulernen. Erhole dich, ruhe dich aus und gebe deinem Körper ausreichend Zeit, um sich rückbilden zu können. Doch, nicht nur während des Wochenbettes finden die Veränderungen bezüglich deines Hormonhaushaltes und die Rückbildung in deinem Körper statt, sondern auch nach dem Ende des Wochenbettes bildet sich dein Körper weiterhin zurück.

Wie es auch bei der Wiederherstellung des Normalzustandes deines Hormonhaushaltes der Fall ist, brauchen auch deine Organe in der Regel circa 9 Monate, bis sie alle wieder an ihrer richtigen Position sind und sich somit dein gesamter Körper wieder in dem Zustand befindet, in dem er vor der Schwangerschaft war.

Um deinen Körper in der Rückbildung schützen zu können, ist es wichtig, dass du die sogenannte Rückbildungsgymnastik machst. Du kannst diese entweder über das Internet machen oder dich an deine Nachsorge-Hebamme wenden, die entweder selbst einen Rückbildungskurs anbietet oder dich an einen Kurs weiterleiten kann.

5.1 Wie wichtig ist Rückbildungsgymnastik?

Die Rückbildungsgymnastik spielt nach der Geburt eine sehr wichtige Rolle für dich, um deinen Beckenboden zu stärken und somit sicherstellen zu können, dass er seiner Funktion nachkommt. Allerdings solltest du es dabei nicht direkt übertreiben und das Wochenbett sowie die Erholung und die Entspannung, die in diesen ersten sechs bis acht Wochen nach der Geburt eine fundamentale und tragende Rolle spielen, ernst nehmen.

Solltest du einen Kaiserschnitt gehabt haben, gibst du deinem Körper am besten etwas mehr Zeit und startest erst nach circa acht bis zehn Wochen mit der Rückbildungsgymnastik.

Es spricht nichts gegen Spaziergänge, solange du dich wohlfühlst. Doch, in erster Linie solltest du dir so viel Ruhe und Entspannung gönnen wie nur möglich.

Aus diesem Grund beginnst du am besten erst zum Ende des Wochenbettes mit der Rückbildungsgymnastik. Innerhalb dieser Zeit hat dein Körper auch genug Zeit, um mögliche Verletzungen, die unter der Geburt am Damm oder an der Scheide entstehen können, abzuheilen. Natürlich kannst du dich auch noch einmal von deiner Nachsorgehebamme untersuchen lassen, um vollkommen sicherstellen zu können, dass dein Körper für die Rückbildungsgymnastik bereit ist.

Der Rückbildungskurs ist aus dem Grund so wichtig, weil er mit gezielten Übungen dazu beiträgt, deinen durch die Schwangerschaft und die Geburt geschwächten Beckenboden wieder zu stärken. Es geht also nicht darum, auf schnelle Weise wieder zum „After-Baby-Body" zu kommen, sondern dich in Zukunft vor Inkontinenz zu schützen.

Durch die Rückbildungsgymnastik:

- *bekämpfst du die Belastungs-Inkontinenz, die nach der Geburt auftreten kann.*
- *wirkst du der Rectus Diastase entgegen. Bei ihr handelt es sich um den Spalt zwischen den geraden Bauchmuskelsträngen. Solange dieser Spalt offen ist, solltest du auf starkes Bauchmuskeltraining verzichten.*
- *stärkst du deinen Beckenboden.*
- *beugst du Schmerzen im Becken- und Rückenbereich vor.*
- *kann dein späteres Empfinden beim Sex intensiver ausfallen.*

Im Übrigen solltest du die Rückbildungsgymnastik immer machen – nicht nur dann, wenn du Beschwerden hast. Es gilt bezüglich der Häufigkeit zwar, die Übungen mehrmals durchzuführen. Zu derselben Zeit ist zu beachten, die Qualität vor die Quantität zu stellen. Sprich: Es ist wichtig, die Übungen durchzuführen, allerdings ist es deutlich wichtiger, sie richtig auszuführen und aufzuhören, wenn es zu anstrengend wird. Verzichte unbedingt darauf, deinen Körper maßlos zu überfordern. Am besten führst du die Rückbildungsgymnastik mehrmals pro Woche mit nicht zu vielen Durchgängen der Übungen durch und bleibst am Ball.

5.2 Wie häufig tritt Inkontinenz nach der Geburt auf? Was kann ich dagegen tun? Gibt es spezielle Beckenbodenübungen, die helfen?

Es kommt durch den geschwächten Beckenboden nach der Geburt durchaus vor, dass Frauen unter einer temporären Inkontinenz leiden. Circa 20 bis 30 Prozent der Frauen, die gerade entbunden haben, leiden unter ihr, können ihr aber durch die Rückbildungsgymnastik Abhilfe schaffen.

Behalte dabei auch immer im Hinterkopf, dass ein Unterschied zwischen der temporären Inkontinenz nach der Geburt und der Inkontinenz, die später im Alter auftreten kann, besteht. Du kannst die Inkontinenz nach der Geburt nicht nur mit der Rückbildungsgymnastik beheben, sondern auch der späteren Inkontinenz vorbeugen.

Wende dich am besten direkt an die Hebamme, die den Rückbildungskurs leitet, um dir von ihr die entsprechenden Übungen zeigen zu lassen, die nicht nur deinen Beckenboden stärken, sondern auch die Inkontinenz nach der Geburt behandeln.

Eine Übung besteht unter anderem darin, den Urinstrahl, während du auf die Toilette gehst, an und an für ein paar Sekunden zu halten, den Urin dann laufen zu lassen und den Strahl anschließend wieder zu halten. Diese Übung kannst du aber nicht nur auf der Toilette, sondern auch einfach im Sitzen durchführen:

1. *Setze dich hin und stelle dir vor, du würdest auf der Toilette sitzen.*
2. *Atme tief ein.*

3. *Während des Ausatmens spannst du deine Muskeln im Beckenbereich so an, als wolltest du den Urinstrahl stoppen.*
4. *Während des nächsten Einatmens lässt du die Anspannung langsam nach.*

Führe diese Übung zwei Mal täglich mit jeweils 10 Durchgängen durch und merke von Mal zu Mal, wie du die Spannung in deinen Muskeln immer länger halten kannst. Für weitere Übungen gegen die Inkontinenz wendest du dich, wie gesagt, am besten an deine Hebamme in deinem Rückbildungskurs.

5.3 Wie kann ich meinen Alltag beckenbodenfreundlich gestalten?

Neben den Übungen der Rückbildungsgymnastik, die deinen Beckenboden stärken, kannst du dir auch weitere Tipps zu Herzen nehmen, die deinen Alltag deutlich beckenbodenfreundlicher gestalten:

- *Entlaste deinen Beckenboden durch die Bauchlage. Du kannst auch gut ein Stillkissen nutzen und es dir so zurechtlegen, dass du es gemütlich zwischen die Beine nimmst und dich leicht auf den Bauch drehst.*
- *Gehe regelmäßig auf die Toilette, um deine Blase zu leeren. Denn es ist nach der Geburt vollkommen normal, dass Frauen ihre gefüllte Blase nicht direkt wahrnehmen. Je gefüllter die Blase ist, umso mehr Druck übt sie jedoch auf den Beckenboden aus.*
- *Trinke viel und achte auf deine Ernährung, sodass der Stuhlgang weich ist. So verhinderst du, zu stark drücken zu müssen und den Beckenboden zu beanspruchen.*
- *Trage lockere Kleidung, um den Beckenboden nicht einzuengen. Dieser ist nämlich direkt mit deinen unteren Bauchmuskeln verbunden.*

- *Richte dich nie gerade aus der Liegeposition auf, sondern drehe dich immer erst auf die Seite.*
- *Achte auf eine stets aufrechte Haltung, die nicht nur deinen Beckenboden schont, sondern zu derselben Zeit auch die Muskulatur in deinem Rücken stärkt.*
- *Stelle dich immer hüftbreit hin und verteile das Gewicht gleichmäßig auf beiden Füßen. Verzichte darauf, dich ins Hohlkreuz zu begeben oder deinen Rücken zu sehr durchzustrecken.*
- *Trage nicht schwer. Dein Baby ist dabei die Ausnahme – du darfst es natürlich in deinen Armen tragen, wobei sich die Verwendung einer Tragehilfe wie einem Tragetuch oder einer Babytrage deutlich beckenfreundlicher gestaltet und auch sonst viele weitere Vorteile mit sich bringt. Mehr über diese erfährst du im Abschnitt „Das Halten des Babys“* *(Kapitel A Abschnitt 8).*
- *Wenn du merkst, Husten oder Niesen zu müssen, nimmst du am besten eine aufrechte Haltung ein und drehst dich während des Hustens oder des Niesens zur Seite. Das ist für deinen Beckenboden deutlich angenehmer, als wenn du dich in eine runde und nach vorne gebeugte Lage begibst.*

6. Die Bindung zu dem Baby

Die ganze Schwangerschaft hinweg stellst du dir vor, wie es sich wohl anfühlen muss, dein Baby zum ersten Mal in den Armen zu halten. Du stellst dir vor, wie es wohl aussieht und kannst es kaum abwarten, diesen kleinen Menschen endlich an dich zu kuscheln. In der Tat ist das Erste, was nach der Geburt in der Regel geschieht, das sogenannte Bonding. Dieses besteht darin, dass die Hebamme der Mutter (oder in einigen Fällen auch dem Vater) das Baby auf den nackten Oberkörper legt, sodass ein enger Haut-zu-Haut-Kontakt besteht. Dieser Kontakt fördert die Bindung zwischen dem Elternteil und dem Kind.

Wusstest du zudem, dass die ersten Wochen nach der Geburt für die Mutter nicht nur die Bezeichnung des Wochenbettes tragen, sondern unter anderem auch als „Kuschel -und Kennenlernzeit" bekannt sind? Selbst wenn du als Mutter das Baby für neun Monate in deinem Bauch und unter deinem Herzen getragen hast, musst du es erst einmal kennenlernen. Denn jedes Baby hat seinen ganz eigenen Charakter und es ist eben durchaus eine Umstellung, aus einem Paar (das sich aus zwei Personen zusammensetzt) zu einer kleinen Familie mit Kind zu werden.

Doch, was passiert, wenn die Kuschel- und Kennenlernzeit nicht so wird, wie du es dir vorgestellt hast? Ist es normal, dass manche Mütter einfach etwas mehr Zeit brauchen, um eine Bindung zu dem Baby aufzubauen?

6.1 Warum fühle ich mich nicht wie auf Wolke 7?

In den Filmen wird es ständig gezeigt und in Büchern wird es auch ständig beschrieben, wie die Mutter nach der Geburt auf Wolke 7 schwebt und die Welt wie durch eine rosarote Brille betrachtet. Diese Darstellung und diese Erwartung, die Mütter an sich selbst haben, sorgt schnell dafür, dass sich Schuldgefühle in dir ausbreiten, wenn du nicht direkt auf Anhieb diese Bindung spürst und nicht unmittelbar auf Wolke 7 schwebst.

Führe dir in diesem Fall vor Augen, dass du keine schlechte Mutter bist. Du hast dein Baby neun Monate unter deinem Herzen getragen. Dein ganzer Körper hat sich verändert und deine Hormone haben Party gefeiert. Kennst du das Gefühl nach einem Hangover, wenn du zu viel getrunken hast? Bevor du am nächsten Morgen wieder zu dir kommst und deine Gedanken sammeln kannst, hast du das Gefühl, gar nichts mehr zu wissen und keinen klaren Gedanken fassen zu können. Es kann auch nach der Geburt sein, dass du erst einen Moment brauchst, bis du wieder richtig zu dir kommst und einordnen kannst, was überhaupt geschehen ist. Vielleicht wird es dir auch passieren, auf dein Baby zu schauen und dich zu fragen „Ist das wirklich mein Baby? Habe ich wirklich einen kleinen Menschen auf die Welt gebracht?"

Sicherlich ist immer wieder die Rede davon, dass es sich bei der Bindung zwischen Eltern und Kind um eine ganz besondere Bindung handelt. Sie stellt ein undurchtrennbares Band dar, das jedoch erst einmal gestärkt werden muss. Es ist vollkommen normal, wenn du etwas mehr Zeit brauchst, um dich wie auf Wolke 7 zu fühlen. Gebe dir selbst Zeit, um dich von der Geburt und der Schwangerschaft zu erholen. Gehe nicht zu hart mit dir selbst ins Gericht und lasse auf keinen Fall den Gedanken, eine schlechte Mutter zu sein, zu. Du bist eine tolle Mutter. Es gibt nicht nur eine Art Mutter, die nach der Geburt im 7. Himmel schwebt, sondern jede Mutter ist auf ihre Weise einzigartig.

6.2 Wie lange kann es dauern, bis eine Bindung zu meinem Baby entsteht?

An und für sich entsteht die erste Bindung in der Form des bereits dargestellten „Bondings" innerhalb der ersten Minuten oder Stunden nach der Geburt. Allerdings solltest du dich davon nicht unter Druck setzen lassen und dir auch immer wieder vor Augen führen, dass es sich um durchschnittliche Angaben handelt. Nicht jede Mutter baut direkt eine Bindung zu dem Kind auf, wenn es ihr auf die Brust gelegt wird. Es kann durchaus sein, dass sie sich erst einmal erholen und zudem realisieren muss, was überhaupt passiert ist.

Es kann aber auch mehrere Stunden oder Tage dauern, bis du eine Bindung zu deinem Kind aufbaust, was mitunter verschiedene Ursachen haben kann. Jede Geburt verläuft anders und jede Mutter erlebt auch die Zeit der Schwangerschaft ganz individuell. So kann es unter anderem sein, dass

- *Komplikationen während der Schwangerschaft und/oder während der Geburt,*
- *Frühgeburten oder gesundheitliche Probleme des Kindes*
- *uvm*

dazu beitragen, dass du etwas mehr Zeit brauchst, um eine Bindung zu deinem Kind aufbauen zu können. Nochmal: Du bist deshalb keine schlechte Mutter oder als Mutter nicht weniger gut geeignet als andere Frauen. Die Bindung zwischen Müttern und Kindern wird zwar immer allgemein als magisch und besonders dargestellt, dennoch gestaltet sich jede Mutter-Kind-Bindung vollkommen individuell.

Zudem heißt die Tatsache, dass du etwas mehr Zeit brauchst, um die Bindung zu deinem Baby aufbauen zu können, nicht, dass die Bindung später weniger stark ist oder einen Schaden hat. Du und dein Baby habt euer Tempo und könnt, auch wenn die Bindung nicht unmittelbar nach der Geburt erfolgt, trotzdem etwas später eine sehr starke Bindung aufbauen.

6.3 Was kann ich machen, um die Bindung zu meinem Kind zu stärken?

Natürlich fragen sich Frauen nach der Geburt, was sie tun können, um die Bindung zum Kind zu stärken. Sie wollen gerne das Kribbeln im Bauch, von dem alle berichten, und die Wärme, die sich im ganzen Körper ausbreitet, verspüren.

Um die Bindung zu dem eigenen Baby fördern zu können, kannst du dir durchaus einige Hinweise und Tipps zu Herzen nehmen, die dich in Bezug auf diese Beziehung stärken und unterstützen können. Tipps, an welche du dich orientieren kannst, sind dabei unter anderem die Folgenden:

- *Stille dein Baby. Durch das Stillen entsteht noch einmal eine ganz andere Art der Nähe zwischen dir und deinem Baby. Nicht umsonst bezeichnet man die Stillzeit als Stillbeziehung.*
- *Nehme intensiven Augenkontakt mit deinem Baby auf. Auch wenn Babys in den ersten Tagen und Wochen ihres Lebens noch nicht viel sehen können, sondern vielmehr Umrisse wahrnehmen, kann es dir helfen, deinem Baby direkt in die Augen zu sehen, wenn du deine Bindung zu ihm stärken möchtest.*
- *Spreche mit deinem Baby und singe ihm vor. Dein Baby kennt deine Stimme aus der Schwangerschaft und erinnert sich an sie. Die Reaktion deines Babys auf deine Stimme zeigt dir, wie verbunden es mit dir ist, und kann dir somit unter Umständen dabei helfen, deine Bindung zu ihm zu stärken.*
- *Schlafe mit deinem Baby in einem Bett oder in einem Raum und verbringe viel Zeit mit ihm. In den ersten Wochen nach der Geburt leben Mutter und Baby in der Regel in einer Art Symbiose. Das wird dir noch bewusster, wenn du dein Baby auch in der Nacht bei dir hast und neben ihm oder in seiner Nähe schläfst.*
- *Lerne dein Baby kennen, indem du mit ihm an einem Babymassagekurs teilnimmst. Du kannst dort durch den Körperkontakt eine bessere Bindung zu ihm aufbauen und anhand seines entspannten Gesichtsausdrucks sehen, was für eine Wirkung du mit der Massage auf es hast.*
- *Reagiere auf das Schreien und auf das Weinen deines Babys. Nehme es in den Arm und beruhige es. Du kannst dein Baby beruhigen. Du bist der sichere Anker für dein Kind. Wenn dir diese Tatsache bewusst wird, wird es dir möglicherweise leichter fallen, eine Bindung zu deinem Baby aufzubauen.*

- *Kuschele ganz viel mit deinem Baby, rieche an ihm und achte auf viel Haut-auf-Haut-Kontakt. Genieße die Wärme, die von deinem Baby ausgeht, lausche den Geräuschen, die es während des Schlafens von sich gibt und lausche seinem sanften Atem, der sich deinem Atem anpasst, wenn du neben ihm liegst.*

Mit Hilfe dieser Tipps kannst du die Bindung zu deinem Baby stärken, solltest dabei jedoch auf jeden Fall immer darauf achten, dass du dich wohlfühlst. Mache nichts, womit du dich unwohl fühlst. Denn dann könnte sich die entsprechende Handlung negativ auf die gewünschte Bindung auswirken.

6.4 Ab wann sollte ich den Mangel an Muttergefühlen kommunizieren?

Wie du nun weißt, stellt es keine Seltenheit dar, dass Mütter unmittelbar nach der Geburt und unter Umständen auch einige Tage danach, Probleme mit der Bindung zu ihrem Baby haben. Doch, wie lange ist dieser Mangel an Bindung und Muttergefühlen normal und wann solltest du deinem Umfeld mitteilen, wie es in deinem Inneren aussieht?

An und für sich kann die Bindung zu deinem Baby durchaus ein paar Tage in Anspruch nehmen. Stellst du jedoch fest, dass gar keine Besserung in Sicht ist, dass du nichts fühlst, wenn du dein Baby auf dem Arm hältst oder wenn es schreit, solltest du mit deinem Partner oder einer anderen Vertrauensperson in deinem Umfeld darüber sprechen.

Denn der Babyblues, über den du in einem separaten Kapitel (nämlich *Kapitel A Abschnitt 1.7*) mehr erfährst, mag vollkommen normal sein, hält jedoch nicht dauerhaft an. Befindest du dich über einen längeren Zeitraum hinweg in diesem Zustand, kann das unter Umständen ein Hinweis darauf sein, unter einer Wochenbettdepression zu leiden. In diesem Fall solltest du dir Hilfe durch einen Fachmann suchen und dir von ihm beraten lassen. Er hilft dir dabei nicht nur in Bezug auf deine Wochenbettdepression, sondern er kann dich auch bezüglich der Bindung zu deinem Baby unterstützen.

7. Das Schlafen mit dem Baby

Dir ist mit Sicherheit bewusst, dass Babys in der Regel sehr viel Schlaf brauchen. Natürlich ist es dabei auch wieder wichtig zu erwähnen, dass jedes Baby anders ist und dass einige Babys durchaus mehr schlafen als andere. Doch, im Durschnitt schlafen:

- *Babys von 0 bis 3 Monaten circa 14 bis 17 Stunden über den Tag hinweg verteilt.*
- *Babys ab 4 Monaten zwischen 12 und 15 Stunden über den Tag hinweg verteilt.*

Nach und nach pendelt sich der Schlafrhythmus der Babys ein, sodass sie in der Nacht in der Regel etwas länger schlafen und dafür tagsüber zwei Nickerchen machen, die durchschnittlich jeweils 2 Stunden dauern. Babys schlafen also recht viel, weshalb sich für dich die durchaus interessante und wichtige Frage danach stellt, wie es sich mit dem Schlafen mit dem Baby verhält. Wo schläft dein Baby am besten? Musst du auf bestimmte Dinge achten? Was hat es mit dem Familienbett auf sich?

7.1 Kann man ein Baby zu sehr verwöhnen?

Zunächst einmal stellt sich die wichtige Frage, ob es überhaupt möglich ist, ein Baby zu verwöhnen. Denn immer und immer wieder melden sich aus dem Umfeld oder auch aus fremden Mündern Stimmen zu Wort, die darauf hinweisen, dass ein Baby schreien muss, weil dies die Lungen öffnet, und dass die Eltern es nicht zu sehr verwöhnen sollen, in dem sie es ständig auf den Arm nehmen, wenn es schreit und weint.

An dieser Stelle ist zu beachten, dass du dein Baby nicht mit zu viel Liebe verwöhnen kannst. Es gibt nicht zu viel Liebe und zu viel Zuwendung.

Stell dir einmal vor, wie sich dein Baby fühlt. Es war neun Monate in einem kleinen, engen und geschützten Raum. Es hat Geräusche nur gedämpft wahrgenommen, war dem Licht nicht so stark ausgesetzt, wie es nun nach der Geburt der Fall ist, und hört nicht mehr den Herzschlag der Mutter als dauerhafte Hintergrundmusik. Alles ist so neu und so anders. Wenn dein Baby nun alleine in seinem Bett liegt und schreit, braucht es dich oder deinen Partner. Es braucht seinen festen Anker und seinen sicheren Hafen.

Was passiert mit einem Baby, das schreit und keine Reaktion von seinen Eltern bekommt? – Es fühlt sich verlassen. Es mag sein, dass es nach unzähligen Nächten, in welchen es wie am Spieß um sein Leben geschrien hat, aufhört, zu schreien. Doch, das macht es nicht, weil es gelernt hat, sondern weil es schlicht und ergreifend die Hoffnung danach, dass jemand auf seinen Hilfeschrei reagiert, aufgegeben hat.

Behalte dabei auch immer im Hinterkopf, dass dein Baby das Schreien als einziges Kommunikationsmittel hat, das es nutzen kann.

Es kann weder einfach aufstehen und zu dir kommen, noch dir mitteilen, was es braucht, weil es schlicht und ergreifend noch nicht sprechen kann.

Lege dich also mit deinem Baby hin, kuschele mit ihm, stille es, streichele es und genieße die Zeit mit ihm. Du verwöhnst dein Baby nicht, wenn du dich mit ihm hinlegst, sondern du kommst seinem Bedürfnis nach Liebe, Nähe, Schutz und Geborgenheit nach. Höre auf dein Bauchgefühl und zwinge weder dich noch dein Baby dazu, zu leiden, während es alleine im Bett liegt und nicht schlafen kann, weil es die Nähe vermisst und du hinter der Tür stehst und die Tränen zurückhältst, weil du das verzweifelte Schreien kaum aushältst.

Vielleicht schläfst du auch gemeinsam mit deinem Baby ein oder genießt die Zeit, um dich zu entspannen. Lasse den Haushalt Haushalt sein und sauge diese Momente in dich auf. Auch wenn es abgedroschen klingt: Diese Zeit kommt nicht wieder. Babys werden so schnell groß und entwickeln sich vor allem innerhalb des ersten Lebensjahres rasant weiter. Du wirst dich später nicht an die sofort abgewaschenen Teller oder die unmittelbar aufgehängte Wäsche erinnern. Vielmehr wirst du zurück an die Momente mit deinem kleinen Baby denken, das mit seinem Kopf auf deinem Brustkorb liegt und zu der Musik deines Herzschlages beruhigt, behütet und beschützt einschläft, während es deinen Duft in seiner Nase spürt. Für dein Baby bist du alles, was es hat. Du bist seine Welt und es braucht dich.

7.2 Wo schläft mein Baby tagsüber am besten?

Der Lieblingsschlafplatz von dem Baby ist in der Regel in den Armen von Mama oder von Papa. Es fühlt sich so am wohlsten und am behütetsten und kann somit auch wirklich gut schlafen. Wenn du diese Zeit mit deinem Baby genießt und nutzen möchtest, um dich selbst zu entspannen oder ein bisschen zu schlafen, spricht nichts dagegen, dich entweder gemeinsam mit deinem Baby hinzulegen oder es in den Armen zu halten, während es schläft.

Doch, natürlich ist es auch richtig, dass du vielleicht Termine hast oder schlicht und ergreifend einmal duschen gehen oder die Arme frei haben möchtest. Für diese Zwecke hast du verschiedene Möglichkeiten, dein Baby zur Ruhe zu legen, damit es schlafen kann:

- *Vielleicht schläft es im Kinderwagen ein, während du mit deinem Kind spazieren gehst.*
- *Du kannst es dir in ein Tragetuch binden oder in eine Trage schnallen, um es bei dir zu tragen und gleichzeitig deine Arme frei zu haben. (Mehr über das Tragen deines Babys in einem Tragetuch oder in einer Babytrage erfährst du in dem kommenden Abschnitt 8 „Das Halten des Babys".)*
- *In einem Stubenbett kann dein Baby gut schlafen, während du andere Dinge erledigst. Das Stubenbett zeichnet sich dabei dadurch aus, Rollen aufzuweisen, sodass du das Bett einfach mit dir durch die Wohnung oder das Haus schieben kannst.*

Mit der Zeit findest du garantiert die richtige Lösung für den Schlaf deines Kindes, sodass es tagsüber entspannt und ruhig schlafen kann.

7.3 Wo schläft mein Baby nachts am besten?

Eine weitere Frage, die du dir stellen solltest, ist die Frage danach, wo dein Baby in der Nacht am besten schläft. An und für sich gibt es für diese Zwecke verschiedene Möglichkeiten:

1) Das Familienbett

Bei dem Familienbett handelt es sich, um genau zu sein um das Ehebett der Eltern, in dem die Eltern gemeinsam mit dem Baby schlafen. Das heißt, dass das Baby selbst kein eigenes Bett hat, sondern gemeinsam mit dir und deinem Partner schläft. Einige Familien bauen sich sogar ein richtiges Familienbett, das sich durch eine sehr viel größere Breite auszeichnet, damit jedes Familienmitglied ausreichend Platz hat. Denn viele Kinder schlafen über mehrere Jahre hinweg gerne mit in dem Familienbett. Bezüglich des Familienbettes gibt es viele unterschiedliche Meinungen, die allesamt legitim sind. Doch: Solange sich alle Beteiligten wohlfühlen, spricht dem gemeinsamen Schlafen im Familienbett nichts entgegen (mehr dazu im folgenden *Abschnitt 7.4*)

2) Das Beistellbett

Bei dem Beistellbett handelt es sich um einen Mittelweg zwischen dem eigenen Bettchen und dem Schlaf im Familienbett. Denn das Beistellbettchen kann direkt an einer Seite des Ehebettes angebracht werden, sodass das Baby direkt „mit" im Familienbett, zu derselben Zeit aber auch in seinem eigenen Bettchen schläft.

3) Das eigene Bettchen

Wer nicht gemeinsam mit dem Baby im eigenen Bett schlafen möchte, entscheidet sich dafür, das Baby in seinem eigenen Bettchen schlafen zu lassen. Viele Eltern entscheiden sich aber dafür, dieses im elterlichen Schlafzimmer aufzustellen, um direkt zur Stelle zu sein, wenn das Baby weint.

Ganz egal, für welche Option du dich gemeinsam mit deinem Partner entscheidest, ist es immer wichtig, dass du das Baby nicht in den Schlaf schreien lässt. Begleite es sanft in den Schlaf, sodass es ohne Probleme einschlafen kann und reagiere auch immer direkt, wenn es aufwachen und weinen sollte. Diese zwei Grundlagen sind für einen gesunden und erholsamen Schlaf deines Babys wichtig – ganz egal, ob es im Familienbett, im Beistellbett oder in seinem eigenen Bett schläft.

7.4 Das Familienbett – Vorteile und Nachteile

Das Modell des Familienbetts erfreut sich unter Familien einer immer größer werdenden Beliebtheit. Das liegt unter anderem an den vielen Vorteilen, die das Familienbett sowohl für die Kinder als auch für die Eltern mit sich bringen kann.

Diesbezüglich ist es interessant zu wissen, dass die Tatsache, dass Eltern mit ihren Kindern gemeinsam in einem Bett schlafen, auch die Bezeichnung „Co-Sleeping" tragen kann.
Die vorteilhaften Aspekte, die Eltern dazu veranlassen, gemeinsam mit ihrem Baby in einem Familienbett zu schlafen, sehen folgendermaßen aus:

- *Du bist direkt zur Stelle, wenn dein Baby in der Nacht aufwacht. So kann es durchaus sein, dass es gar nicht anfängt, dolle zu schreien, und deshalb auch recht schnell wieder in den Schlaf findet.*
- *Wenn du stillst, kannst du dein Baby direkt stillen, ohne aufstehen zu müssen. Es kann auch sein, dass sich dein Baby selbstständig bei dir an der Brust bedient und du somit weiterschlafen kannst, während es trinkt.*
- *Die Bindung zwischen dir und deinem Kind profitiert von der Nähe.*
- *Durch die Tatsache, dass dein Baby neben dir liegt, hört es deinen Atem. Unterbewusst passt es seine Atmung deiner Atmung an, was Atemaussetzern vorbeugen kann.*
- *Viele Eltern schlafen besser, wenn sie wissen, dass ihr Kind neben ihnen liegt.*

Natürlich ist es auch immer wichtig, sich mögliche negative Aspekte vor Augen zu führen, die im Zusammenhang mit dem Familienbett auftreten könnten:

- *Babys machen sich – auch wenn sie klein sind – recht breit und nehmen viel Platz ein.*
- *Sofern sich kein Herausfallschutz an den Seiten befindet, besteht die Gefahr, dass das Baby aus dem Bett fallen könnte.*
- *Das Liebesleben der Eltern gestaltet sich in einem engen und kleinen Familienbett unter Umständen etwas schwer (wobei das Bett natürlich nicht der einzige Ort ist, an dem die Eltern Zweisamkeit verbringen können).*

8. Das Halten des Babys

Aus biologischer Sicht betrachtet handelt es sich bei Babys um sogenannte „Traglinge". Das heißt, dass sie gerne in dem Arm ihrer Bezugspersonen getragen werden. Sie fühlen sich im Arm ihrer Mutter oder ihres Vaters am wohlsten, was keinesfalls etwas mit „Verwöhnen" zu tun hat. Bei Babys liegt eine biologische Veranlagung vor, die bestimmt, dass sich Babys am sichersten und zu derselben Zeit am wohlsten fühlen, wenn sie getragen werden. Denn durch das Tragen erinnern sie sich an die Zeit im Bauch der Mutter zurück und fühlen sich sicher. Der Urinstinkt sagt ihnen, dass sie in Gefahr sind, wenn sie alleine sind.

Sicherlich bestätigen Ausnahmen die Regel und es gibt durchaus Babys, die nicht unbedingt getragen werden wollen. Doch, an und für sich handelt es sich bei Babys um Traglinge, die gerne in den Armen der Mutter oder des Vaters getragen werden. Anfangs wiegen Babys noch nicht so viel. Da sie sich rasant weiterentwickeln und somit auch immer schwerer werden, stellt sich für dich womöglich bald die Frage danach, wie du dein Baby am besten hältst, ohne deinen Rücken, deine Arme und auch deine Hüfte zu sehr zu beanspruchen.

8.1 Wie halte ich ein Baby richtig? Tipps und Tricks bezüglich verschiedener Tragepositionen

Babys können ihren Kopf noch nicht selbst halten, weshalb es für dich wichtig ist, diesen Aspekt immer im Hinterkopf zu behalten, wenn du dein Baby trägst. Der Kopf braucht einen ganz besonders intensiven Schutz, um nicht mit voller Wucht nach hinten oder zur Seite zu fallen. Erst nach und nach machen Babys die Entwicklung, ihren Kopf selbstständig halten zu können.

Um dein Baby halten zu können, kannst du dir zudem ein paar fundamentale Tipps und Hinweise zu Herzen nehmen, die dich beim richtigen und angemessenen Halten deines Babys unterstützen können:

- *Nehme dein Baby über die Seite hoch, indem du es leicht auf die Seite drehst und es erst dann hochnimmst.*
- *Möchtest du dein Baby gerade hochnehmen, musst du auf jeden Fall darauf achten, das Köpfchen zu stützen, da dieses sonst nach hinten runterhängt. Am besten fasst du für diese Zwecke mit deinen Händen unter die Schultern des Babys, streckst deine Finger und fasst mit ihnen unter den Kopf.*
- *Lege dein Baby so auf deinem Oberkörper ab, dass es mit seinem Kopf knapp über deine Schulter blickt. Du kannst seinen Po mit der einen Hand stützen und die andere nutzen, um seinem Kopf und dem oberen Bereich seines Rückens Halt zu spenden.*
- *Die klassische Haltung, die du mit Sicherheit kennst, wenn es darum geht, ein Baby zu halten, stellt die „Wiegehaltung" dar. In diesem Fall bildet dein Unterarm eine Wiege, in welche du dein Baby so legst, dass sein Kopf durch deine Armbeuge eine angenehme und sichere*

Stütze erhält. Für diese Position ist es wichtig, dass dein Baby seine Ärmchen vor deinem Körper hält.

- *Beim „Fliegergriff“ handelt es sich um einen beliebten Griff, wenn Babys unter Bauchschmerzen leiden. Du legst das Baby für diese Zwecke mit dem Bauch nach unten auf deinen Unterarm, wobei sein Köpfchen auf deiner Armbeuge liegt. Die andere Hand nutzt du, um den Po zu stützen.*
- *Babys sollten noch nicht sitzen. Aus diesem Grund bietet sich die Sitzposition erst für Babys an, die bereits alleine sitzen können, was – je nach Entwicklung des Kindes – ab dem 8. Lebensmonat der Fall sein kann. Für die Sitzposition ist es wichtig, den Kopf und auch den Rücken deines Babys durch deinen Oberkörper gut zu stützen und einen deiner Arme zu nutzen, um eine Art Gürtel um dein Baby zu legen. Am besten ist es zudem, wenn du die andere Hand nutzt, um sie unter den Popo deines Babys zu legen.*

Es ist normal, am Anfang etwas zögerlich zu sein. Vielleicht hast du Angst, dem kleinen Baby weh zu tun. Doch, du wirst feststellen, dass sich die Routine ganz schnell und nahezu wie von alleine einschleicht und du schon bald das Gefühl haben wirst, dein Leben lang nichts anderes gemacht zu haben.

8.2 Wie übergebe ich mein Baby sicher an eine andere Person?

Wenn eine andere Person dein Baby halten möchte und es nicht hochnimmt, nachdem es auf der Couch oder im Bett lag, ist es wichtig, das Baby richtig zu übergeben. Am besten hältst du für diese Zwecke eine Hand unter dem Nacken und eine Hand unter dem Popo deines Kindes. So kann die andere Person eine Hand zwischen deine Hand und den Popo des Babys schieben und du kannst deine Hand wegziehen. Beim Nacken funktioniert es genauso.

8.3 Wie trage ich mein Kind, ohne meinen Rücken, meine Hüfte und meine Arme zu schädigen?

Selbst wenn ein Baby nicht viel Gewicht auf die Waage bringt, kann es durchaus passieren, dass bestimmte Teile deines Körpers schmerzen, weil du dein Baby über einen langen Zeitraum hinweg trägst. In diesem Zusammenhang stellt sich für dich natürlich die Frage danach, wie du dein Baby am besten tragen kannst, ohne dass dein Rücken, deine Hüfte oder deine Arme schmerzen.

Die Antwort auf diese Frage findest du in einem Tragetuch oder in einer Babytrage, die – richtig gebunden bzw. richtig eingestellt – nicht nur deinen Rücken, deine Hüfte und deine Arme schont, sondern zu derselben Zeit auch den Rücken deines Babys stützt, der sich vor allem in den ersten Lebensmonaten durch eine schwache Muskulatur auszeichnet. Wenn du dein Baby also tragen möchtest, ohne deinen Körper zu sehr zu beanspruchen, können ein Babytragetuch oder eine Babytrage die passende Lösung für dich darstellen. Zumal das Tragen des Babys in einem solchen Hilfsmittel mit weiteren positiven Aspekten einhergeht, von welchen nicht nur du oder dein Partner, sondern auch euer Baby profitiert.

Die Vorteile des Tragens in einem Tragetuch oder einer Babytrage umfassen Folgendes:

- Du bist deinem Baby ganz nahe und kannst somit die Signale, die es sendet, sehr viel besser und schneller erkennen und deuten.
- Dein Baby erfährt die ganze Zeit hinweg Körperkontakt. Der Körperkontakt stellt für Kinder ein sehr wichtiges Grundbedürfnis dar, weshalb du dieses durch das Tragen deines Kindes bestens erfüllst.
- Die Bindung zwischen dir und deinem Baby profitiert von dem ständigen Kontakt.
- Da das Tragen im Tragetuch oder in der Babytrage Sicherheit vermittelt, sind die Babys oft ruhig. Vor allem Schreibabys beruhigen sich in Tragetüchern oder Babytragen sehr viel besser.
- Experten sind sich darüber einig, dass die sogenannte Spreiz-Anhockstellung für Babys eine sehr wichtige Rolle spielt. Bei dieser Spreiz-Anhockstellung handelt es sich um die Stellung, die Babys automatisch einnehmen, wenn sie getragen werden. Sprich: Sie heben ihre Beine hoch, sodass die Knie zur Seite zeigen und zwischen ihrem Oberschenkel und ihrem Unterschenkel ein 90-Grad-Winkel entsteht. Durch das Tragen im Tragetuch oder in der Babytrage erfährt das Baby eine sehr positive Unterstützung der Spreiz-Anhockstellung.
- Nicht selten weisen Babys, die viel im Kinderwagen oder im Bettchen liegen, einen leicht abgeflachten Hinterkopf auf. Das ist bei Kindern, die im Tragetuch oder in der Babytrage getragen werden, oft nicht der Fall.
- Du hast deine Hände frei, während du dein Baby ganz nah bei dir tragen kannst, sodass du verschiedene Dinge erledigen kannst, die du nicht machen könntest, wenn du dein Kind in den Armen trägst oder wenn es schreiend in seinem Bettchen liegt, weil es deine Nähe sucht.
- Du kannst dein Kind in vielen unterschiedlichen Positionen im Tragetuch tragen: vor deinem Bauch, auf deiner Hüfte, auf deinem Rücken.
- Du kannst dein Baby ganz einfach stillen, während es sich im Tragetuch befindet.
- Dein Baby erfährt bei kalten Temperaturen eine angenehme Wärmung durch den Kontakt zu dir. An warmen Tagen hingegen kann es sich besser regulieren.

- *Du kannst auf Wegen laufen, die du mit einem Kinderwagen nicht befahren könntest. Auch Erledigungen, die mit dem Kinderwagen anstrengend sind und schwerfallen, erfolgen mit dem Tragetuch oder mit der Babytrage sehr viel leichter.*
- *Väter können durch das Tragen ihren Kindern sehr nahe sein und ihnen Geborgenheit, Wärme und Liebe spenden, während sie die Hände freihaben.*

Die passende Babytrage oder das richtige Tragetuch findest du im Übrigen bei einer Trageberatung. Nicht selten bieten auch Hebammen solche Trageberatungen an. Dort lernst du nicht nur verschiedene Modelle kennen, sondern erfährst auch mehr über das Binden und Anlegen der Tücher und Tragen sowie über verschiedene mögliche Tragepositionen.

All diese Tipps, die du bezüglich des Tragens erhalten hast, gelten natürlich auch für den Vater des Kindes, der sich diese Hinweise zu Herzen nehmen kann.

9. Rund ums Stillen – Stillen, Stillzeit, Abstillen & Co.

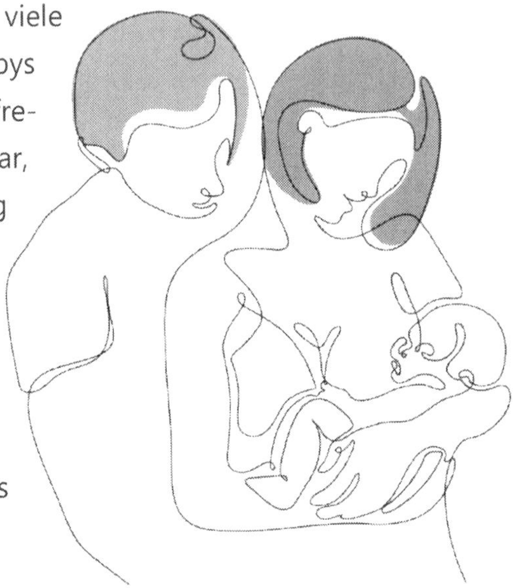

Die Stillzeit stellt für viele Mütter und ihre Babys eine besonders aufregende und wunderschöne Zeit dar, in der sich eine intensive Bindung zwischen der Mutter und dem Baby aufbaut. Durch das Stillen genießen sowohl die Mutter als auch das Kind die Nähe und die Wärme sowie die gemeinsame Zeit, die sie während des Stillens miteinander verbringen.

Allerdings heißt das auf keinen Fall, dass Mütter, die sich gegen das Stillen entscheiden oder aus anderen Gründen nicht stillen können, keine enge Bindung zu ihren Babys haben. Du kannst deinem Baby genauso tief in seine wundervollen Augen schauen, wenn du ihm die Flasche gibst, wie das der Fall ist, wenn es an deiner Brust ist und trinkt. Keine Mutter ist eine bessere Mutter, weil sie stillt, oder eine schlechtere Mutter, weil sie sich dafür entschieden hat, das Fläschchen zu geben.

Dennoch lässt sich nicht ausschließen, dass das Stillen für das Baby und auch für die Mutter ein paar sehr fundamentale und nicht von der Hand zu weisende Vorteile mit sich bringt. Wusstest du im Übrigen, dass die Weltgesundheitsorganisation (WHO) Müttern empfiehlt, ihre Kinder mindestens 2 Jahre lang (wenn möglich sogar länger) zu stillen? Anfangs ernährt die Muttermilch das Kind, während es nach dem Einführen der Beikost als Begleitnahrung dient. Wenngleich viele Menschen auch heute noch davon ausgehen, dass die Muttermilch nach einiger Zeit zu Wasser wird, stimmt das nicht. Vielmehr profitiert das Baby die ganze Stillzeit hinweg von der Muttermilch und ihrer Zusammensetzung.

Bei all den Stillthemen handelt es sich jedoch nicht nur um Themen, die die Mutter ansprechen. Auch der Vater spielt hier eine wichtige Rolle und kann die frisch gebackene Mutter bei ihrer Stillbeziehung mit dem Baby unterstützen. So kann ein Glas Wasser oder ein gemütliches Kissen, das der Papa bei Bedarf besorgt, eine große Erleichterung für die Mama sein. Das Dasein hilft schließlich auch beim Stärken des Bondings zwischen dem Papa und dem Baby.

9.1 Was spricht fürs Stillen?

Die Muttermilch – das flüssige Gold. Hast du schon einmal etwas von diesem Ausdruck gehört? In der Tat haben Wissenschaftler, die sich die Muttermilch genauer angesehen haben, festgestellt, dass diese lebt und Millionen von Zellen enthält, die dazu beitragen können, das Baby vor Infektionen zu schützen.

Wusstest du, dass die Muttermilch immer und immer wieder ihre Zusammensetzung und somit auch die Farbe ändern kann? Das liegt daran, dass das Baby über seinen Speichel Informationen an den Körper der Mutter abgibt. Der Körper der Mutter verarbeitet diese

Informationen und stellt die Muttermilch anschließend so zusammen, dass sie perfekt auf die Bedürfnisse des Babys angepasst ist. Grundsätzlich kann die Muttermilch jede Farbe annehmen, ohne dass dies eine negative Auswirkung auf die Qualität der Milch hat.

Doch, was spricht nun genau für das Stillen? Welche Vorteile bringt das Stillen für das Baby und für die Mutter mit sich?

1) Die Vorteile des Stillens für das Baby

Zunächst einmal ist es wichtig zu wissen, dass das Stillen sehr viele positive Aspekte mit sich bringt, die sich direkt auf das Baby beziehen. Zudem solltest du auch immer bedenken, dass es sich bei dem Stillen nicht einfach nur um die Nahrungsaufnahme handelt, sondern dass hinter der wundervollen Stillbeziehung zwischen Mutter und Kind sehr viel mehr steckt. Stillen ist nicht nur Ernährung. Stillen ist Liebe, Geborgenheit, Halt, Sicherheit und Trost.

Babys kommen mit einem sehr großen Saugbedürfnis auf die Welt, was auch der Grund dafür ist, dass Hersteller Schnuller auf dem Markt anbieten, an welchen die Babys saugen können. Sowohl das Saugen als auch das Nuckeln helfen Babys dabei, sich zu beruhigen, weshalb es vollkommen normal ist, dass sie nicht nur zum Trinken an die Brust der Mutter wollen, sondern auch nach ihr suchen, wenn sie Halt brauchen oder sich nach Liebe, Geborgenheit und Wärme sehnen.

Vorteile, die das Stillen für dein Baby mit sich bringen kann, sind die Folgenden:

- *Das Baby kann sich rein von der Muttermilch ernähren, durch sie wachsen und gedeihen. Das liegt daran, dass sie sehr fettreich und auch wasserhaltig ist. Mit dieser Beschaffenheit wird der Wasser- und Energiehaushalt deines Babys auf besonders hochwertige und zuverlässige Weise unterstützt.*

- *Durch den hohen Eiweißgehalt der Muttermilch kann das Kind sehr gut wachsen und zu derselben Zeit die Milch auch sehr viel besser verdauen.*
- *In der Muttermilch befinden sich nicht nur viele Nährstoffe, sondern auch zahlreiche Antikörper, die das Baby somit über die Muttermilch direkt mit in seinen Organismus aufnimmt. Das wiederum wirkt sich sehr gut auf das Immunsystem deines Babys aus, das durch diesen Umstand eine sehr zuverlässige Stärkung erfährt. Aus genau diesem Grund raten Experten auch dazu, weiterhin das Baby zu stillen, selbst wenn die Mutter krank ist. Denn über die Muttermilch gibst du nicht nur Antikörper aus früheren Krankheiten mit an dein Kind ab, sondern auch die Antikörper deiner aktuellen Erkrankung. So kannst du dein Kind bestens schützen und bezüglich der Funktionsweise seines Immunsystems unterstützen.*
- *Durch die Omega-3-Fettsäuren, die sich in der Muttermilch befinden, kann sich das Gehirn deines Babys sehr gut entwickeln.*
- *Der Darm deines Babys muss sich erst daran gewöhnen, Nahrung in der Form von Milch zu sich zu nehmen. Genau aus diesem Grund sorgen unter anderem Fettsäuren wie die Linolsäure und auch die in der Muttermilch enthaltenen Kohlenhydrate dafür, die Darmflora deines Babys zu unterstützen. Gleichzeitig bauen sie einen sehr wichtigen Infektionsschutz auf.*
- *Laktoferrin – ebenfalls in Muttermilch enthalten – wirkt sich auch positiv auf den Infektionsschutz aus und verbessert zu derselben Zeit die Aufnahme des Eisens, das in der Muttermilch vorhanden ist.*
- *Noch mehr Infektionsschutz erhält dein Baby durch die Mehrfachzucker in der Muttermilch. Denn diese fangen mögliche Krankheitserreger bereits im Darm ab und fördern gleichzeitig das Wachstum nützlicher Bakterien im Darm.*

- *Es ist zu erkennen, dass gestillte Kinder sehr viel seltener an Infektionen erkranken als nicht gestillte. Das trifft vor allem auf Infektionen des Magen-Darm-Traktes sowie des Mittelohrs zu.*
- *Babys, die mindestens 4 Monate lang ausschließlich gestillt werden, leiden sehr viel seltener unter Allergien.*
- *Das Stillen schützt die Kinder vor dem Risiko, Übergewicht zu entwickeln, einen Herzinfarkt zu haben oder an anderen Herz-Kreislauferkrankungen zu erkranken (hoher Blutdruck, etc.).*
- *Gestillte Kinder haben in der Regel ein geringeres Risiko, an Diabetes mellitus zu erkranken.*
- *Der plötzliche Kindstod tritt bei gestillten Kindern sehr viel seltener ein, als bei nicht gestillten Kindern.*
- *Dadurch, dass sich das Baby die Milch durch das Saugen erarbeiten muss, erfährt es eine positive Unterstützung der Gaumen- und Kieferentwicklung.*
- *Im Rahmen amerikanischer Studien konnten Wissenschaftler feststellen, dass gestillte Kinder sehr viel weniger an Lernschwierigkeiten leiden und auch sehr viel seltener Verhaltensauffälligkeiten aufweisen. Zudem vermuten Wissenschaftler, dass gestillte Kinder sehr viel resistenter gegenüber Stress sind als nicht gestillte.*
- *Du hast die Milch immer mit dabei und musst nicht erst viel planen und einpacken, bevor du mit deinem Baby das Haus verlässt. Du hast, wenn du so willst, die Milchbar-to-go immer griffbereit zur Hand.*
- *Da dein Baby die Muttermilch direkt aus der Brust trinkt, weist sie die beste Temperatur auf, sodass du diese nicht erst erwärmen und bezüglich der passenden Temperatur überprüfen musst.*

Zu guter Letzt spart das Stillen in der Regel sehr viel Geld. Frauen, die stillen, müssen lediglich ein 500 Kilokalorien mehr zu sich nehmen, was sehr viel weniger als der Kauf der Pulvernahrung kostet. Doch, du darfst dich nicht von den Kostengründen dazu überreden lassen, dein Baby zu stillen.

Es ist wichtig, dass sich das Stillen für dich und für dein Baby natürlich und gut anfühlt. Behalte immer im Hinterkopf, dass sich die Weltgesundheitsorganisation (WHO) zwar für das Stillen über das 2. Lebensjahr hinaus ausspricht. Hier geht es jedoch um eine Stillbeziehung zwischen dir und deinem Baby. Nur dann, wenn ihr euch beide in dieser Beziehung wohlfühlt, ist es eine schöne Beziehung, die ihr weiterverfolgen könnt.

2) Die Vorteile des Stillens für die Mutter

Wie schon gesagt, bringt das Stillen nicht nur Vorteile für das Baby mit sich, sondern auch du als Mutter profitierst von der Stillbeziehung, die sich zwischen dir und deinem Baby bilden kann. Es handelt sich in diesem Zusammenhang um die folgenden vorteilhaften Aspekte:

- *Das Stillen kostet nichts und spart dir zudem sehr viel Zeit. Du hast deinen Busen immer bei dir und musst somit nicht an das Fläschchen denken oder Mahlzeiten und Erledigungen intensiv planen. So kannst du sehr viel entspannter sein und musst dir auch keine Sorgen machen, die Milch aufgrund einer möglichen temporären Vergesslichkeit (die durch die Hormonumstellung durchaus entstehen kann) zu vergessen.*
- *In der Regel verlieren Mütter, die sich dazu entschließen, ihr Baby zu stillen, im Anschluss an die Geburt schneller ihr Gewicht. Das liegt daran, dass das Stillen viel Energie für sich in Anspruch nimmt.*
- *Während das Baby an deiner Brust saugt, schüttet dein Körper Prolaktin aus, was dazu führt, dass die Mutter sehr viel gelassener bleibt. Das kann sich vor allem bei Schlafmangel und der Umstellung an die neue Rolle als Mutter als großen Vorteil erweisen.*
- *Während des Stillens schüttet der Körper der Mutter das sogenannte Hormon „Oxytocin“ aus. Dieses spielt nicht nur für den Stillvorgang*

selbst eine große Rolle, sondern trägt auch dazu bei, dass sich Stillwehen auslösen. Das heißt, dass es zu Kontraktionen der Gebärmutter kommt, was wiederum im Zusammenhang mit einem Druck steht, der sich auf die Gefäße auswirkt. Durch diesen Druck stößt der Körper der Mutter Wundsekrete aus der Gebärmutter aus und die Rückbildung erfolgt in der Regel sehr viel schneller. Ein weiterer Vorteil dieses Hormons besteht darin, dass es den Körper daran hindert, Stresshormone auszuschütten. Das sorgt für sehr viel mehr Gelassenheit und somit auch für eine bessere Bindung zu dem Baby. Nicht umsonst trägt dieses Hormon auch den Namen „Bindungshormon".

- *Mütter, die ihr Baby stillen, haben ein sehr viel geringeres Risiko, an Brust- und Eierstockkrebst oder an Osteoporose-Erkrankungen zu erkranken.*
- *Laut den Ergebnissen einer schwedischen Studie haben Frauen, sofern sie ihr Baby mindestens ein Jahr lang gestillt haben, ein geringeres Risiko dafür, rheumatoide Arthritis aufzuweisen.*
- *Du musst nachts nicht aufstehen, um das Fläschchen zuzubereiten, sondern kannst einfach gemütlich liegen bleiben (sofern das Baby mit dir im Bett oder im Beistellbett schläft) oder dir dein Baby zu dir holen.*

Wie du siehst, bringt das Stillen auch für dich als Mutter sehr viele Vorteile mit sich, sodass sehr viele Aspekte für das Stillen nach der Geburt und auch weit über den 2. Geburtstag des Kindes hinaus sprechen.

Im Übrigen bieten sehr viele Hebammen oder auch Mitarbeiter der „La Leche League" Stillberatungen an. Du kannst somit mehr über das Stillen und auch über mögliche Probleme lernen und hast immer jemanden an der Hand, der dir bei dem Stillen und der Stillbeziehung zwischen dir und deinem Kind helfen kann.

9.2 Wie kann ich erkennen, ob mein Baby von der Muttermilch satt wird?

Viele Mütter haben Angst, ihre Muttermilch könne nicht ausreichen, was natürlich die Zweifel hervorruft, dass das Baby nicht satt wird. Diese Angst kommt in der Regel daher, dass Mütter merken, dass ihr Baby sehr viel öfter an die Brust will und teilweise mehrmals in der Stunde trinkt, während Babys, die die Flasche bekommen, oft über mehrere Stunden hinweg glücklich, satt und zufrieden sind.

Das liegt jedoch daran, dass die Pulvernahrung sehr viel gehaltvoller und somit nicht so leicht zu verdauen ist, wie das bei der Muttermilch der Fall ist. Muttermilch kann dein Baby sehr gut verdauen, weshalb es gut sein kann, dass bereits wenige Augenblicke nach der ersten Mahlzeit erneut der Hunger an die Tür klopft und dein Baby deshalb an die Brust will.

Dass dein Baby jedoch satt und zufrieden ist und dass deine Muttermilch somit auf jeden Fall ausreicht, erkennst du daran, dass dein Baby:

- *allgemein zufrieden und lebhaft ist.*
- *zwischen sechs und acht nasse Windeln innerhalb eines Zeitraums von 24 Stunden hat.*
- *gut wächst und gedeiht.*

Wundere dich nicht, dass dein Baby ab und zu „clustert“. Das heißt, dass es ständig an der Brust hängt, ab und zu von ihr ablässt und dann wieder nuckelt. Es handelt sich dabei um einen vollkommen natürlichen Vorgang, bei welchem dein Baby einfach mehr Essen bei dir bestellt. Je mehr dein Baby an der Brust nuckelt, umso mehr Milch produziert sie. Braucht es beispielsweise aufgrund eines Fiebers mehr Flüssigkeit oder hat mehr Hunger, weil es sich in einem Wachstumsschub befindet, kurbelt es durch dieses „Clustern" die Milchproduktion an und steigert folglich die Milchmenge, die ihm anschließend während des Stillens zur Verfügung steht.

Für dich ist es aus diesem Grund wichtig, auf jeden Fall nach Bedarf zu stillen. Dein Baby holt sich, was es braucht, und braucht absolut keine weitere Flüssigkeit wie Wasser oder Tee. Deine Muttermilch ist für dein Baby ein 2-in-1-Menü: Essen und Trinken in Einem.

9.3 Was sollte ich nicht essen und trinken während der Stillzeit?

Während der Schwangerschaft darfst du gewisse Dinge nicht essen und trinken. Doch, wie sieht es in der Stillzeit aus? An und für sich solltest du in der Stillzeit keine Lebensmittel ohne guten Grund meiden. Natürlich trifft das nicht auf Alkohol und auf Zigaretten oder andere Drogen zu. Doch, bezüglich Nahrungsmittel kannst du an sich alles essen, was dir schmeckt.

Wenn du feststellst, dass dein Kind auf bestimmte Lebensmittel mit Blähungen, einem wunden Windelbereich oder Ausschlägen und Rötungen reagiert, solltest du durchaus deine Ernährung etwas ändern. In diesem Fall kann es sein, dass das Baby vor allem auf:

- *Kohl*
- *Lauch*

- *Knoblauch*
- *Hülsenfrüchte*
- *Zwiebeln*
- *Zitrusfrüchte*
- *Chili und allgemein scharfes Essen*
- *Milchprodukte*

reagiert. Am besten schaust du in diesem Fall immer ganz genau darauf, was du gegessen hast, beobachtest die Situation und lässt dann die im Verdacht stehenden Lebensmittel weg.

Sofern es deinem Baby gut geht und es die Muttermilch, ohne irgendwelche Nebenwirkungen aufzuweisen, verträgt, ist es absolut nicht notwendig, irgendwelche Lebensmittel von deinem Speiseplan zu streichen.

Verzichte auf jeden Fall darauf, eine Diät zu machen. Denn durch eine Diät kann es durchaus zu einer Unterversorgung der Milch mit wichtigen Nährstoffen kommen, sodass dein Kind nicht genug Nährstoffe erhält und sich folglich auch nicht richtig entwickeln kann.

9.4 Wie gefährlich sind Medikamente, die ich nehme, für mein Baby, wenn ich stille?

Bei den Medikamenten in der Stillzeit verhält es sich ähnlich wie mit der Ernährung. Während du in der Schwangerschaft sehr darauf achten musst, welche Medikamente du einnehmen darfst, sodass sie sich mit deinem Zustand vereinbaren, handelt es sich bei vielen Medikamenten um Präparate, die du ohne Probleme während der Stillzeit einnehmen kannst.

Da sich unter den vielen Medikamenten auf dem Markt aber durchaus Präparate befinden, die mit ihren Wirkstoffen in die Muttermilch übergehen können, ist stets zu beachten, dass du die Einnahme der Medikamente immer zuvor mit deinem Arzt besprichst und niemals auf eigene Faust handelst. Spreche deinen Arzt immer darauf an, dass du dein Baby stillst, sodass er dir entweder eine Alternative oder Hinweise bezüglich der Einnahme des Medikamentes geben kann. Denn es kann sein, dass du einige Medikamente zu einem bestimmten Zeitpunkt einnehmen kannst, sodass diese zu dem Zeitpunkt, zu dem dein Baby an der Brust trinkt, keine Rückstände mehr in der Milch hinterlassen.

9.5 Ich würde so gern stillen, aber ich habe nicht genug Milch. Gibt es Mittel und Wege, um die Milchproduktion anzuregen?

Einige Frauen haben aus unterschiedlichsten Gründen Angst, nicht ausreichend Milch zu haben. Das liegt oft daran, dass Babys sehr oft an die Brust wollen, was viele Mütter natürlich verunsichert. Für dich ist es diesbezüglich wichtig zu wissen, dass es vollkommen normal ist, dass dein Baby oft an die Brust will und viel an ihr trinkt. Behalte dabei auch im Hinterkopf, dass das Stillen nicht nur die Nahrungsaufnahme ist, sondern für dein Kind auch Liebe, Wärme, Sicherheit und Geborgenheit bedeutet.

Dass:

- *dein Baby tagsüber oft an die Brust will,*
- *dein Baby nachts mehrmals aufwacht und gestillt werden möchte,*
- *dein Baby nur kurz an der Brust trinkt oder lange braucht,*

- *sich deine Brüste weicher anfühlen, als das in den ersten Wochen unmittelbar nach der Geburt der Fall war,*
- *keine Milch mehr aus deinen Brüsten läuft,*
- *du keine Milch abpumpen kannst,*

bedeutet noch lange nicht, dass du nicht genug Milch produzierst.

Führe dir immer wieder vor Augen, dass die Menge an Milch, die du mit einer Pumpe aus deiner Brust saugen kannst, gar nichts darüber aussagt, wie viel Milch du hast. So kann es sein, dass du sehr viel Milch produzierst, beim Pumpen mit der Milchpumpe aber trotzdem nichts aus der Brust kommt.

Beachte, dass du nach Bedarf stillst und dich nicht an einem Stillplan orientierst. So stellst du sicher, dass dein Baby genug Milch bekommt. Sollte es dennoch:

- *sehr wenig an Gewicht zunehmen oder sogar an Gewicht verlieren,*
- *nicht ausreichend nasse Windeln (zwischen 6 und 8 innerhalb von 24 Stunden) haben,*
- *einen sehr dunklen Urin, einen trockenen Mund oder starke Gelbsucht haben,*

ist es durchaus möglich, dass dein Baby nicht genug Milch bekommt. Da dies jedoch nicht zwingend an deiner Milchproduktion selbst, sondern auch an anderen Gründen (verkürztes Zungenbändchen bei deinem Baby oder auch falsches Anlegen, etc.) liegen kann, ist es empfehlenswert, dich in diesem Fall an eine Hebamme oder eine Stillberaterin zu wenden. Diese beobachtet dich und dein Baby beim

Stillen und kann somit feststellen, ob womöglich ein falsches Anlegen der Grund für euren Status Quo ist oder ob tatsächlich eine geringe Milchproduktion an der Wurzel des Problems steckt.

Möglichkeiten, die du hast, um dein Baby dazu animieren zu können, besser von der Brust zu trinken, oder um deine Milchproduktion zu steigern, sind die Folgenden:

- *Ändere deine Stillposition, sodass dein Baby effizienter an deiner Brust trinken kann.*
- *Achte auf viel Haut-zu-Haut-Kontakt zwischen dir und deinem Baby, sodass du vermehrt das Hormon Oxytocin ausschüttest. Dieses spielt unter anderem in Bezug auf den Milchfluss eine wichtige Rolle.*
- *Übe dich in Entspannungstechniken und stelle dir vor deinem inneren Auge vor, wie Wasser aus einem Brunnen springt. Das soll bei der Stimulierung des Milchflusses helfen.*

Doch, wie schon gesagt, wendest du dich im Zweifelsfall am besten an eine Hebamme oder an eine Stillberaterin.

Nutze nach Bedarf eine Milchpumpe, um die Milchproduktion zu steigern. Die Anregung durch eine Pumpe funktioniert jedoch nur mit der Hilfe eines elektrischen Modells. Nur ein solches Modell kann das Saugen des Babys an der Brust imitieren und somit eine positive Wirkung auf deine Milchproduktion haben.

9.6 Mein Baby hat schon ein paar Zähne und beißt. Wie kann ich ihm das nachhaltig, aber nicht grob abgewöhnen?

Beim Stillen kann es nun ab und zu passieren, dass dein Baby mit seinen Zähnen an der Brustwarze nagt oder sogar in sie hineinbeißt. Da die Brustwarze besonders sensibel und somit schmerzempfindlich ist, kann das natürlich zu starken Schmerzen führen. Für dich ist es in diesem Zusammenhang wichtig, nicht nach dem Motto „Augen zu und durch" zu handeln, sondern gegen das Beißen in deine Brustwarze vorzugehen. Es handelt sich um eine Stillbeziehung, bei der du und dein Kind euch beide wohlfühlen müsst. Am besten:

- *steckst du einen Finger in den Mundwinkel deines Babys und ziehst leicht, sodass sich das Vakuum löst und du dein Baby von der Brust abdocken kannst. Es ist wichtig, das Stillen direkt zu unterbrechen, wenn dein Baby beißt, damit es so merkt, dass es nicht weiter so machen darf.*
- *schaust du deinem Kind in die Augen und sagst ihm deutlich „Nein". Ist dein Baby schon etwas älter und kann verstehen, was du ihm sagst, kannst du ihm auch erklären, wieso du nicht möchtest, dass es dich in deine Brustwarze beißt.*
- *besorgst du einen Beißring. Es kann sein, dass sich dein Kind aufgrund des Zahnens Erleichterung durch das Beißen verschaffen möchte. In diesem Fall kann es helfen, ihm einen Beißring zu kaufen oder ihm unter Umständen auch etwas mit einem Zahnungsgel zu helfen.*

9.7 Wie stille ich ab, sodass es für mich als Mutter und mein Baby natürlich ist?

Wie lange du dein Baby stillen möchtest, liegt ganz in deiner Entscheidung. Wenngleich die Weltgesundheitsorganisation (WHO) das Vollstillen bis zum 6. Monat und das anschließende Weiterstillen bis über das 2. Lebensjahr hinaus empfiehlt, heißt das für dich nicht, dass du auf Biegen und Brechen stillen musst, bis dein Kind von alleine entscheidet, dass es nicht mehr stillen möchte.

Wusstest du, dass Frauen ihre Kinder in einigen Ländern sogar bis hin zu sechs oder gar sieben Jahren stillen, bis sich die Kinder von selbst abstillen? Natürlich stillen solche Kinder oft nur kurz zum Einschlafen oder kurz nach dem Aufstehen, doch in diesem Fall entscheidet das Kind, wann es nicht mehr gestillt werden mag. Fühlst du dich als Mutter wohl damit, ist absolut nichts dagegen einzuwenden, so lange zu warten, bis sich dein Baby bereit dazu fühlt, abgestillt zu werden.

Wenn du jedoch für dich merkst, dass du nicht mehr stillen möchtest, ist es für dich und auch für dein Baby wichtig, sanft abzustillen und diesen Prozess langsam einzuleiten. Um das Abstillen so natürlich wie nur möglich zu gestalten, kannst du nach dem 6. Monat die Stillmahlzeiten nach und nach (nicht alle auf einmal):

- *durch Beikost oder*
- *mit Flaschenmahlzeiten ersetzen.*

In beiden Fällen gilt es jedoch, deinem Kind nicht von heute auf morgen die Brust zu verweigern, sondern das Abstillen als natürlichen Prozess zu gestalten, an den sich dein Kind nach und nach gewöhnt. Zumal du mit Sicherheit selbst bei dir feststellen wirst, dass dir das Abstillen doch nicht so leichtfällt, wie du dir das vorgestellt hast. Auf einmal macht sich doch etwas Traurigkeit in dir breit und vielleicht vermisst du die Nähe zu deinem Baby, die ihr während des Stillens immer genossen habt.

Umso wichtiger ist es, für dich und dein Baby in der Zeit des Abstillens viel Kuschelzeit miteinander zu verbringen und euch viel Nähe zu schenken.

Ein paar Tipps, die dich unter Umständen bei dem Abstillprozess unterstützen können, stellen die Folgenden dar:

- *Geduld und Zeit. Habe keine zu große Eile. Oft merken Kinder, wenn ihre Eltern unter Druck stehen und klammern dann noch mehr an der Brust. Gehst du hingegen entspannt an das Abstillen heran, besteht eine große Wahrscheinlichkeit, dass es auch deinem Baby leichterfallen wird, von der Brust zu lassen.*
- *Nutze Globulis, die die Milchbildung verhindern. Dein Baby wird merken, dass zunächst immer weniger und anschließend kaum noch Milch aus der Brust kommt, und vermutlich nicht mehr oft nach ihr fragen. Allerdings solltest du dabei auch immer wieder im Hinterkopf behalten, dass das Stillen eben nicht nur die Aufnahme von Nahrung bedeutet, sondern gleichzeitig auch eine Kuscheleinheit, Trost, Liebe, Zuwendung und Geborgenheit ist.*
- *Nutze Pfefferminze und Salbei, um den Milchfluss etwas zu dämmen.*

10. Der Umgang mit dem Baby

Was mache ich mit dem Baby? Packe ich es in Watte und schütze es vor allen möglichen Gefahren, schlechten Erfahrungen und negativen Gefühlen? Gebe ich es überhaupt anderen Menschen in den Arm? Lasse ich Oma und Opa alleine mit ihm spazieren gehen oder will ich es lieber die ganze Zeit bei mir haben? Wie gehe ich am besten mit meinem Baby um?

Viele Mütter fragen sich unmittelbar nach der Geburt, wie sie mit Ängsten umgehen können, die für sie noch ganz neu sind. Frauen, die zum ersten Mal Mutter werden, wissen oft gar nicht, um was man sich alles Sorgen machen kann, wenn es um das eigene Baby geht. Auf einmal bist du viel vorsichtiger, hast viel mehr Zweifel und Ängste und fragst dich, ob diese normal sind und jemals wieder aufhören.

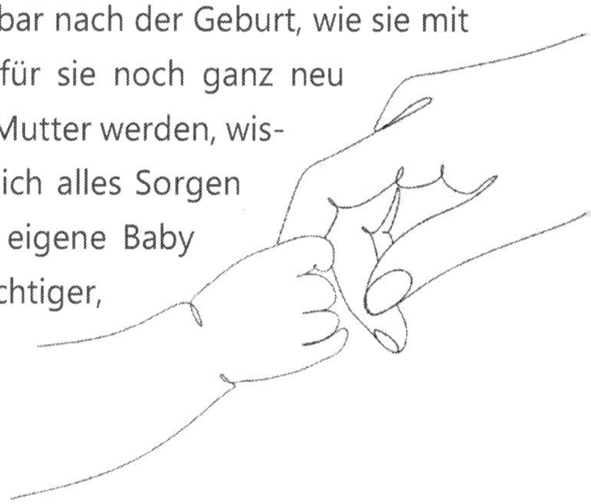

Angst um sein Baby zu haben, ist vollkommen normal und natürlich. Die Angst hört, um ehrlich zu sein, auch nie wirklich auf. Du lernst vielmehr, mit ihr zu leben, da sie – je nach Alter des Kindes – immer wieder in anderen Facetten und unter anderen Verkleidungen auftritt. Selbst deine Eltern machen sich mit Sicherheit heute noch Sorgen um dich – das ist normal und gehört zum Dasein als Mutter und Vater mit dazu. Doch, wie normal sind die Ängste und wie kannst du mit deinem Baby umgehen, ohne dass du deine Ängste auf dein Baby überträgst?

10.1 Ängste und Sorgen sind normale Begleiter in deinem Leben als Mama

Die Sorgen, die du dir um dein Kind machst, sind vollkommen normal und von der Natur vorgesehen, um den Beschützerinstinkt in dir zu wecken. Du möchtest verhindern, dass deinem Kind etwas passiert und beschützt es aus diesem Grund. Das ist auch der Grund dafür, dass die Ängste und Sorgen nie nachlassen. Für dich ist es deshalb umso wichtiger zu lernen, mit diesen Ängsten umzugehen und zu leben, anstatt dir das Leben von ihnen bestimmen zu lassen. Lasse nicht zu, dass die Ängste deinen Umgang mit deinem Baby bestimmen.

Versuche einmal die Blickweise zu ändern, mit welcher du auf deine Sorgen und Ängste schaust. Da diese beiden Aspekte mit unter den Deckmantel der negativen Gefühle fallen, haben sehr viele Menschen eine recht negative Einstellung zu ihnen. Negative Gefühle scheinen keinen Platz in dem Leben der Menschen zu haben, sodass viele Leute dazu neigen, sie zu unterdrücken. Das merkst du vielleicht bereits bei deinem Baby, wenn es weint und deine erste Reaktion zu sagen ist: „nein, nicht weinen...". Auch wenn du das auf keinen Fall böse meinst, forderst du es unterbewusst bereits als Baby dazu auf, seine Gefühle zu unterdrücken.

Habe keine Angst davor, dass dein Baby negative Gefühle erlebt. Negative Gefühle haben genauso eine Berechtigung wie positive Gefühle. Wichtig für dein Baby und später auch für dein Kleinkind ist die Gewissheit, dass du da bist und dass es mit seinen Gefühlen nicht alleine ist, sondern eine Begleitung durch dich erfährt. Natürlich würde jede Mutter am liebsten immer das Strahlen in den Augen des Kindes und das breite Grinsen, welches die Lippen auf seinem Gesicht formen, sehen. Doch, im Leben kann nicht immer die Sonne scheinen und negative Gefühle gehören neben dem Sonnenschein der positiven Gefühle mit zu dem Regenbogen dazu, der sich am Himmel bildet und das Leben deines Kindes in eine wundervolle Farbenpracht taucht.

Angst vor Gefühlen kannst du also sehr gut regulieren, indem du dich fragst, warum du selbst deine negativen Gefühle unterdrückst, und sicherstellst, eine gute und gesunde Beziehung zu ihnen aufzubauen.

10.2 Wie kann ich meine Ängste regulieren?

Natürlich plagt vor allem Mütter nicht nur die Angst vor negativen Gefühlen. Während in der Schwangerschaft bereits die ersten Sorgen und Ängste an die Oberfläche treten, stellen diese in der Regel nur die Spitze des Eisberges dar. Nach der Geburt setzen sich Mütter mit vielen anderen Ängsten auseinander:

- *Bin ich eine gute Mutter? Mache ich genug für mein Baby oder sollte ich mehr machen?*
- *Kann ich den Menschen in meinem Umfeld vertrauen, richtig mit meinem Baby umzugehen?*
- *Wie kann ich mein Kind davor beschützen, dass ihm etwas passiert?*

Es handelt sich hierbei nur um eine sehr kleine Auswahl an Ängsten, welche Mütter plagen. Mit Sicherheit wird es dir nicht weiter schwerfallen, diese Liste zu erweitern.

Um mit diesen Ängsten umgehen und somit verhindern zu können, dass du sie auf dein Kind überträgst, ist es für dich wichtig, dich mit ihnen auseinanderzusetzen und dir einzugestehen, dass du dein Kind nicht vor der Welt beschützen kannst. Was du tun kannst, ist, dein Kind so zu erziehen, dass es:

- *Selbstbewusstsein, Selbstliebe, Selbstvertrauen und Selbstwert entwickelt.*
- *die Gewissheit hat, mit Problemen immer zu dir kommen zu können.*
- *gewissenhaft lebt und mit Achtsamkeit durch die Welt geht.*

Für diese Zwecke ist es für dich als Mutter ratsam, die Rahmenbedingungen zu schaffen, die deinem Kind erlauben, sich frei entwickeln und die Umwelt entdecken zu können. Es ist wichtig, ihm Achtsamkeit vorzuleben und somit erst einmal die Achtsamkeit überhaupt in deinen Alltag als Mutter zu integrieren.

Es ist wichtig, deinem Kind keine Angst zu machen, ihm aber durchaus Dinge zu erklären – natürlich kindgerecht. Nutze zudem positive Formulierungen, wenn es um deine Ängste geht:

Pass auf, sonst fällst du	*→ Fühlst du dich sicher? Achte immer darauf, dich sicher zu fühlen.*
Nein, sonst stößt du dich	*→ du die Kontrolle über deine Geschwindigkeit, wenn du rennst? Nutze deine scharfen Augen, um genau zu sehen, ob Hindernisse vor dir liegen.*

Alleine diese positive Formulierung deiner Ängste kann:

- *dir dabei helfen, sie anders zu betrachten.*
- *deinem Kind dabei helfen, Selbstbewusstsein zu entwickeln, ohne dass sich deine Ängste auf es übertragen.*

Sicherlich gibt es nicht das eine richtige Rezept im Umgang mit deinem Kind. Versuch deine Ängste anzunehmen und einen Weg zu finden, um mit ihnen umgehen zu können. Sei deinem Kind immer ein Vorbild, höre ihm zu, sei für es da, respektiere es, verstehe es und kommuniziere mit ihm, sodass du ihm die besten Voraussetzungen für ein selbstbestimmtes Leben gibst, in dem es weiß, immer zu dir kommen zu können.

11. Mutter-Kind-Angebote

Während du während der Schwangerschaft am Schwangerschaftsschwimmen oder am Schwangerschaftsyoga teilnehmen kannst, stehen dir nach der Geburt deines Kindes andere Kursangebote zur Verfügung, an welchen du gemeinsam mit deinem Kind teilnehmen kannst. Doch, was hat es mit diesen Kursangeboten, die in der Regel Hebammen oder andere Fachkräfte anbieten, überhaupt auf sich? Macht es für dich Sinn, die Mutter-Kind-Kurse in Anspruch zu nehmen?

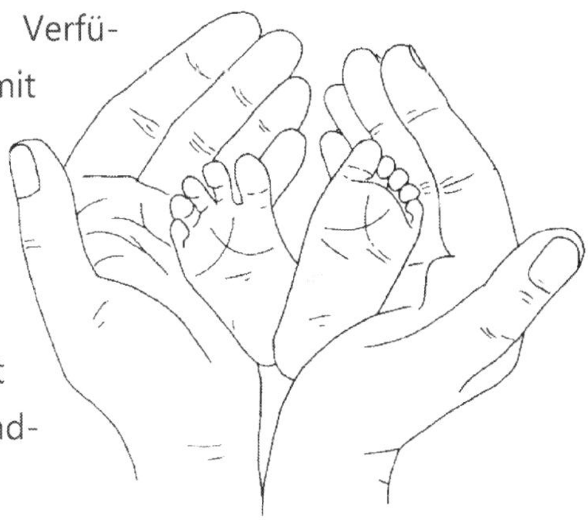

11.1 Wie wichtig sind die Mutter-Kind-Angebote?

Wie wichtig die Mutter-Kind-Angebote sind, kann eine pauschale Aussage nicht beantworten. Das liegt unter anderem an der Tatsache, dass es sich um eine Frage handelt, die eine sehr subjektive Antwort von den einzelnen Müttern verlangt. Während einige Mütter die Angebote als sehr sinnvoll und wichtig ansehen, machen sich andere Mütter nichts aus den Kursen und vertreiben sich die Zeit mit ihrem Baby stattdessen anders.

Neben den positiven Aspekten, die die einzelnen Kurse durchaus für dich und dein Baby mit sich bringen können, stellen diese auch immer eine Möglichkeit dar, Kontakte zu knüpfen und somit unter Umständen Freundschaft mit anderen Müttern zu schließen. Du musst also für dich selbst entscheiden, ob Mutter-Kind-Kurse für dich Sinn machen oder nicht. Im Zweifelsfall kostet es dich nichts, an einer Schnupperstunde teilzunehmen (welche viele Kurse anbieten), um dir so selbst eine Meinung bilden zu können.

11.2 Welche Mutter-Kind-Kurse gibt es überhaupt?

Wenn du schon einmal einen Blick auf die Angebotsliste verschiedener Mutter-Kind-Kurse geworfen hast, wirst du auch festgestellt haben, dass es sehr viele unterschiedliche Kurse gibt, in welche du dich gemeinsam mit deinem Kind einschreiben kannst. Eine kleine Übersicht der Mutter-Kind-Kurse, aus welchen du wählen kannst, erhältst du nun hier. Behalte dabei aber natürlich auch im Hinterkopf, dass diese Liste auf keinen Fall vollständig ist und dass es in deiner Stadt und Umgebung möglicherweise auch zahlreiche andere interessante Kurse für dich und dein Baby geben kann.

1) Die Babymassage und das Baby-Yoga

Bei diesem Kurs massierst du in erster Linie dein Kind und lernst wie du mit der Massage:

- zur Entspannung deines Babys beitragen kannst.
- Blähungen und Koliken behandelst und erleichterst.

2) Das Babyschwimmen

Wenngleich derartige Kurse die Bezeichnung „Schwimmen" tragen, lernt dein Baby in diesen Kursen weniger das Schwimmen, sondern wird vielmehr an das Wasser herangeführt. Dein Baby kann im Wasser strampeln und du kannst ganz nebenbei sanft deine Muskeln nach der Geburt trainieren, indem du durch den Wasserwiderstand läufst.

3) Die Babyzeichensprache

Wusstest du, dass Menschen vier Arten der Kommunikation kennen? – Verbal, nonverbal, schriftlich und visuell. Da dein Baby nicht verbal und auch nicht schriftlich mit dir kommunizieren kann, ist es für dich vielleicht interessant zu wissen, wie du die Babysprache interpretieren kannst bzw. wie du deinem Baby bestimmte Zeichen beibringen kannst, um mit dir zu kommunizieren.

In Kursen, in welchen du der Babysprache näherkommst, kannst du lernen, mehr Verständnis für dein Baby aufzubringen und mit ihm zu kommunizieren, ohne dass es dafür Worte in den Mund nehmen muss.

4) Die Krabbelgruppen

Bei Krabbelgruppen handelt es sich um die wohl am häufigsten vertretene Art der Mutter-Kind-Kurse. Mütter verabreden sich im Rahmen dieser Gruppen gemeinsam mit ihren Kindern und können sich unterhalten und austauschen, während die Kinder spielen und durch die Gegend krabbeln. Viele dieser Kurse organisieren Eltern selbst. Bei Gemeinden und anderen Einrichtungen kannst du auch fündig werden.

5) Das PEKiP (Prager-Eltern-Kind-Programm)

Beim PEKiP handelt es sich um einen Kurs, der sich vor allem für Mütter mit Babys zwischen 4 und 6 Wochen anbietet. Denn im Rahmen dieses Kurses führst du gemeinsam mit deinem Baby Spiele durch, die es bezüglich seiner Bewegung und all seiner Sinne ansprechen und fördern sollen.

Bei diesem Programm geht es aber nicht nur darum, die Kinder zu fördern. Auch du als Mutter kannst dich austauschen und Erziehungs- und Entwicklungsfragen stellen. Durch die Tatsache, dass Kurse dieser Art oft auf regelmäßige Treffen und feste Gruppen abzielen, die mindestens ein Jahr lang zusammenbleiben, können sich innerhalb dieser Gruppen auch schnell schöne und langlebige Kontakte und Freundschaften ergeben.

6) MAWIBA – Tanzen mit dem Baby

Bei diesem Konzept handelt es sich um einen Kurs, bei dem du dir dein Kind in das Tragetuch bindest oder in deine Babytrage steckst und dann gemeinsam mit ihm tanzt. Das fühlt sich nicht nur für dein Baby schön an, wenn es sich an dich schmiegt und du dich sanft hin und her bewegst, sondern auch du profitierst von diesem Kurs insofern, als dass du langsam wieder aktiv wirst und etwas in Bewegung kommst.

Unter all den vielen Angeboten, die du für dich und dein Baby wahrnehmen kannst, solltest du jedoch nicht vergessen, dir und deinem Baby etwas Ruhe in der Form einer Auszeit zu gönnen. Wusstest du, dass Babys all ihre neuen Erfahrungen und die Reize (die sehr viele sind, weil dein Baby erst viele neue Dinge kennenlernen muss) erst dann verarbeiten, wenn sie schlafen? Wenn ein Baby zu vielen Reizen ausgesetzt ist, kann es nur schwer in den Schlaf finden, was unter anderem auch dazu führen kann, dass es zu einer bestimmten Zeit am Abend aus augenscheinlich nicht erkennbaren Gründen schreit und weint. Stopfe dir deinen Kalender also nicht zu voll, sondern konzentriere dich lieber auf wenige Kurse, die dir und deinem Baby dafür wirklich viel Spaß machen und Freude bereiten.

12. Verhalten-Regulieren

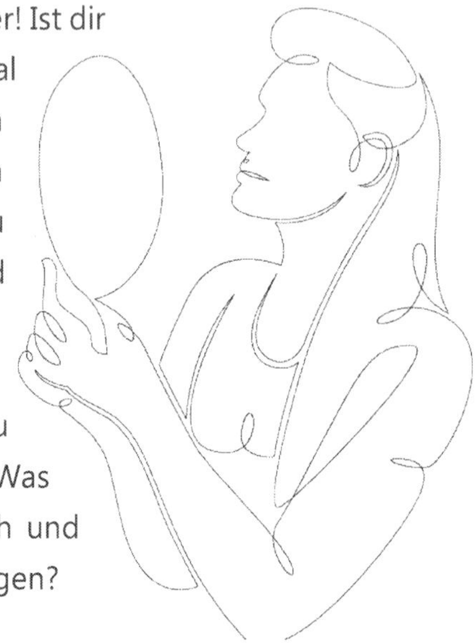

Hilfe, ich bin wie meine Mutter! Ist dir dieser Satz schon einmal durch den Kopf gegangen und hast du dich vielleicht wirklich schon einmal dabei erwischt, so zu sein, wie deine Mutter war, als du Kind warst? Was steckt dahinter? Wieso verhältst du dich in manchen Situationen wie deine Mutter, obwohl du das eigentlich gar nicht möchtest? Was hat es mit diesem Verhalten auf sich und was kannst du tun, um ihm vorzubeugen?

12.1 Warum verhalte ich mich wie meine Mutter?

Vielleicht hast du schon einmal etwas von dem Begriff „inneres Kind" gehört. Jeder Mensch hat ein solches inneres Kind, das sich im Unterbewusstsein befindet und sich an unterschiedliche Situationen, Gefühle und möglicherweise auch Traumata aus der eigenen Kindheit erinnert. Dein inneres Kind hat sich aus den Erfahrungen deiner Kindheit und aus dem Umgang deiner Eltern mit dir gebildet.

Im Umkehrschluss heißt das also, dass auch du die Verantwortung für die Bildung des späteren inneren Kindes deines Kindes trägst. Das innere Kind meldet sich in der Regel nicht oft zu Wort und schlummert in deinem Unterbewusstsein vor dich hin. Das macht es so lange, bis es auf einen Trigger trifft, der es wachrüttelt und dich

zurück in deine Kindheit versetzt. Das heißt nicht, dass sich zwingend Filme vor deinem inneren Auge abspielen, sondern vielmehr, dass sich Gefühle in dir ausbreiten. Oft handelt es sich um negative Gefühle, die in dir den Drang hervorrufen, dich auf eine bestimmte Weise zu verhalten.
Vielleicht durftest du deine Gefühle als Kind nie ausleben und deine Eltern haben direkt mit einem „Da musst du nun nicht weinen." oder „Schrei jetzt nicht so rum – dafür gibt es keinen Grund!" reagiert. Möglicherweise durftest du deiner Wut keinen freien Lauf lassen, sondern musstest sie unterdrücken und durftest auch nicht deine Meinung sagen, ohne dafür bestraft oder geschimpft zu werden.

All diese Reaktionen aus deiner Kindheit tragen dazu bei, dass dich die Gefühle deines Kindes und sein Verhalten – wenn es schreit, weint, wütend ist oder dir widerspricht – dein inneres Kind triggern und in dir den Drang hervorrufen, so zu reagieren, wie deine Eltern mit dir reagiert haben. Dies passiert unabhängig davon, ob du so reagieren möchtest. Dein verletztes inneres Kind kann dich durchaus dazu treiben.

12.2 Wie kann ich aufhören, mich von meinem Kind triggern zu lassen und wie meine Mutter zu handeln?

Um aufhören zu können, wie deine eigene Mutter zu handeln und somit den Kreislauf, der sich immer und immer wieder wiederholt, durchbrechen zu können, ist es zunächst wichtig, zu erkennen, dass du über ein gekränktes inneres Kind in dir verfügst. Indem du erkennst, welche Trigger dein inneres Kind trotzen lassen, hast du die besten Voraussetzungen, um an ihnen zu arbeiten.

Arbeite deine eigenen Erfahrungen auf, verbessere deine Beziehung zu deinen eigenen Gefühlen und heile somit dein inneres Kind, das sich anschließend nicht mehr von deinem Kind getriggert fühlen wird.

Beachte, dass du authentisch bist und dich bei deinem Kind entschuldigst, wenn du etwas falsch gemacht und nicht so reagiert hast, wie du das eigentlich wolltest. Halte inne, schaue ihm in die Augen und sage es ihm: *Es tut mir leid. Ich wollte eigentlich anders reagieren. Ich arbeite an mir. Entschuldige. Ich habe dich lieb.*

Nach und nach wirst du merken, den Kreislauf durchbrechen zu können und nicht mehr so zu sein wie deine eigene Mutter. Es handelt sich hierbei natürlich um ein sehr großes und wichtiges Thema, über welches du unter Umständen auch mit einem Psychologen sprechen kannst.

Kinder halten Erwachsenen den Spiegel vor. Dein Kind zeigt dir ganz klar und ohne Gnade, was in deinem Inneren los ist und holt unter Umständen verdrängte Gefühle und Erinnerungen aus deiner Vergangenheit hervor. Siehe diesen Umstand als Chance, an dir zu arbeiten und für dein Kind die Mutter sein zu können, die du sein möchtest - nicht die, die dein verletztes inneres Kind unterbewusst herbeitrotzt.

13. Hilfsangebote – Insbesondere für Alleinerziehende

Wenn dein Baby auf die Welt kommt, ändert sich dein ganzes Leben. In dieser spannenden und aufregenden Zeit haben allerdings nicht alle frischgebackenen Eltern das Glück, sich auf ein Netzwerk verlassen zu können, das hinter ihnen steht und ihnen etwas unter die Arme greift. Das heißt aber noch lange nicht, dass die Familien alleine sind und ohne Hilfe dastehen. Denn es gibt in der Tat einige Hilfsangebote, die Familien oder auch Alleinerziehende in Anspruch nehmen können, um sich an ihr neues Leben als Familie oder eben als alleinerziehendes Elternteil zu gewöhnen.

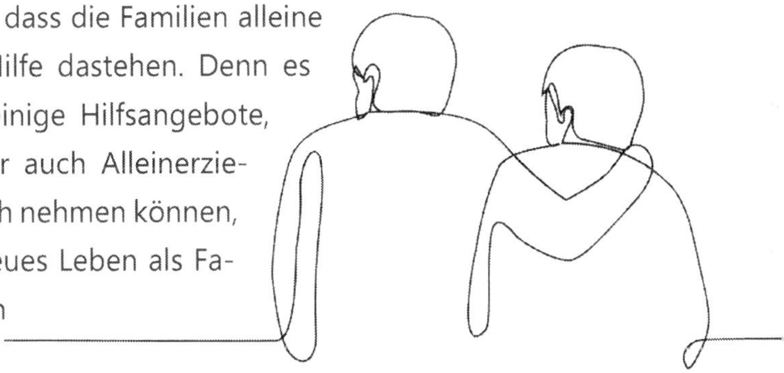

1) Welche Hilfsangebote gibt es für junge Familien?

Für junge Familien, die Schwierigkeiten haben und nicht wissen, wie sie sich verhalten sollen oder in Bezug auf finanzielle Fragen oder ihre Wohnsituation Hilfe suchen, können sich voller Vertrauen an unterschiedliche Beratungsstellen wenden. Unter anderem können sie Hilfe von:

der Caritas   Profamilia   dem Jugendamt

erhalten. In erster Linie bekommen sie zunächst eine Beratung, in der sie gemeinsam mit einem Mitarbeiter die Situation analysieren, um im Anschluss daran die nächsten Schritte einzuleiten, mögliche Amtsgänge zu erledigen oder Anträge zu stellen. Denn für junge Familien gibt es durchaus einige Unterstützungen, die über das Eltern- und Kindergeld hinausgehen und ihnen dabei helfen, als Familie auf die Füße zu kommen.

2) Welche Hilfsangebote gibt es für Alleinerziehende?

Wer als alleinerziehende Mutter Hilfe und Unterstützung sucht oder schlicht und ergreifend Informationen darüber erhalten möchte, welche möglichen Förderungen ihr zustehen, kann sich mit diesen Fragen an die Caritas oder auch an das Bundesministerium für Familien, Senioren, Frauen und Jugend wenden. Diese Stellen können nicht nur bezüglich finanzieller Fragen und dem damit im Zusammenhang stehenden Entlastungsbetrag sowie einem Unterhaltsvorschuss helfen, sondern auch anderweitig unterstützen und dir auf die Beine helfen, um als alleinerziehende Mutter zurecht zu kommen und dein Leben mit deinem Kind zu organisieren. Du bist auf keinen Fall alleine.

3) Welche Hilfsangebote gibt es für Eltern mit Frühchen?

Wenn Babys zu früh auf die Welt kommen, ist das für die Eltern in der Regel ein Schock. Zwar ist die Medizin inzwischen auf einem sehr fortgeschrittenen Stand, sodass viele Frühchen dennoch einen guten und halbwegs reibungslosen Start in ihr Leben haben, dennoch machen sich Eltern von Frühchen viele Sorgen. Um dir in einem solchen Fall etwas unter die Arme greifen und dich somit unterstützen zu können, findest du unter anderem bei:

- *der Caritas*
- *dem Familienportal des Bundes*
- *dem Bundesverband „Das frühgeborene Kind e.V."*

eine gute Anlaufstelle, bei der du dich beraten und unterstützen lassen kannst. Dabei kannst du auch andere Eltern kennenlernen, die sich in ähnlichen Situationen befinden, und möglicherweise Kontakte knüpfen.

Zudem haben Eltern von Frühchen Anspruch auf zusätzliche Monate Elterngeld, sodass die Eltern mehr Zeit für ihr Kind haben und sich intensiver um es kümmern können, ohne sich direkt wieder Gedanken über ihre Finanzen und die damit im Zusammenhang stehende Arbeit und Finanzierung ihres Lebens machen zu müssen.

B Papathemen

Hallo Papa, wie fühlt es sich an, den Bauch deiner Partnerin zu betrachten und dabei festzustellen, dass er immer größer wird? Übrigens stellt die Schwangerschaft für viele Frauen die einzige Zeit dar, in der es vollkommen in Ordnung (und oft sogar gewünscht ist), auf den größer werdenden Bauch hinzuweisen...

Wie fühlt es sich an, zu wissen, dass der Tag, an dem du dein Baby in den Armen halten wirst, immer näherkommt? Wenngleich das Baby in dem Bauch deiner Partnerin wächst und gedeiht, spielst auch du bereits während der Schwangerschaft und auch nach der Geburt eine sehr große Rolle im Leben deines Babys. Auch du kannst bereits während der Schwangerschaft eine Bindung zu deinem Baby aufbauen und nach der Geburt viel machen, um diese Bindung immer weiter auszubauen.

Auch für dich beginnt mit den beiden Streifen auf dem Schwangerschaftstest eine einzigartige Reise. Während dieser Achterbahnfahrt der Gefühle leistet dir dieser Ratgeber treue Begleitung. Hier kannst du spontan nachblättern und wirst jederzeit schnelle und klärende Antworten zur Hand haben.

1. Die Geburt

Genau wie es auch bei der Schwangerschaft der Fall ist, spielt der Vater auch bei der Geburt eine wichtige Rolle. Natürlich stimmt es, dass Parnterin das Baby in sich und es auch auf die Welt bri Dennoch kannst du durc deine Anwesenheit sehr viel bewirken.

Manchmal braucht die Frau einfach eine Hand, die sie halten - und beinahe durch die Kraft, die sie aufbringt, brechen - kann. Manchmal braucht die Frau einfach einen Sündenbock, den sie unter den Schmerzen der Geburt beschimpfen kann. Manchmal braucht die Frau dich als Stütze, während sie presst und nicht weiß, wo sie sich festhalten soll.

Die Geburt selbst stellt ein wundervolles Erlebnis dar, das du dir auf keinen Fall entgehen lassen solltest. Sei für deine Partnerin da, unterstütze sie und bestaune das Wunder das Lebens, das nach der Geburt in deinen Armen liegt. Wenn dabei die ein oder andere Träne über die Wange kullert und die Schweißperlen auf deiner Stirn abrundet, weißt du, dass die aufregende Zeit der Schwangerschaft nun vorbei ist und ihr euch gemeinsam – als kleine Familie – auf in ein neues Abenteuer begebt.

1.1 Rückbildung für Väter?

In der Regel verlieren Frauen bereits unter der Geburt sehr viel Gewicht, was auf die Tatsache zurückzuführen ist, dass neben dem Gewicht des Babys auch das Gewicht des Fruchtwassers wegfällt. Der große Bauch schrumpft etwas (er geht natürlich nicht direkt von einen Moment auf den anderen vollkommen weg) und die Frau ist um einige Kilos leichter. Doch, wie ist das für die Väter?

Vielleicht fragst du dich jetzt, was das für eine Frage sein soll. Warum sollten Väter unter der Geburt an Gewicht verlieren ? – von den zahlreichen Litern Wasser, die du in der Form von Schweiß verlierst, abgesehen.

Wusstest du, dass nicht nur Frauen, sondern auch Väter in der Schwangerschaft mit schwanger sind? Natürlich wächst in deinem Bauch kein Baby heran, doch viele werdende Väter weisen während der Schwangerschaft der Partnerin das sogenannte „Couvade"-Syndrom auf.

Es kann nämlich vorkommen, dass Väter während der Schwangerschaft ihrer Partnerinnen:

- *an Gewicht zunehmen,*
- *unter Übelkeit leiden,*
- *Stimmungsschwankungen haben.*

Es handelt sich dabei keinesfalls um ein Schauspiel des Mannes, der in seiner Rolle aufgeht, sondern vielmehr integrierst du als werdender Vater die Schwangerschaft deiner Partnerin in deine eigene Realität. Du integrierst sie nicht nur in deine geistige Realität, in der du feststellst, wirklich bald Vater zu werden, sondern auch in deine körperliche Realität, indem du vielleicht etwas mehr isst und auch einen kleinen Bauch bekommst.

Genau dieses Phänomen trägt die Bezeichnung des „Couvade"-Syndroms. Der Begriff stammt aus der französischen Sprache, in welcher „Couver" so viel heißt wie „brüten". Dabei beschreibt das Syndrom zwei fundamentale Gegebenheiten, die du als Vater aufweisen könntest, während das Baby im Bauch deiner Partnerin wächst:

- *Du passt die Veränderungen, die im Leben deiner Partnerin stattfinden, an dein Leben an. Unter Umständen isst du mehr, verzichtest auf nächtliche Ausgänge und machst weniger Sport.*
- *Du nutzt die Zeit der Schwangerschaft deiner Partnerin, um dich auf dein neues Leben als Papa einzustellen und vorzubereiten.*

Mit dem Wissen, was du nun über das Couvade-Syndrom hast, ist es nicht abwegig, sich mit der Frage nach der Rückbildung für Väter auseinanderzusetzen. Anders als deine Partnerin verlierst du nicht direkt mit der Geburt an Gewicht, sondern musst dir deinen kleinen Schwangerschaftsbauch ganz alleine wieder abtrainieren. Doch, die Priorität genießt natürlich in erster Linie deine kleine Familie mit deinem frischgeborenem Baby.

1.2 Deine Rolle unter der Geburt

Werde dir deiner großen und wichtigen Rolle, die du unter der Geburt deines Kindes hast, bewusst. Es ist wichtig, dass du dich nicht selbst klein machst oder runterspielst, weil du denkst, dass du eh nicht viel machen kannst. Natürlich ist es deine Frau, die unter den

Schmerzen leidet und dein Baby auf die Welt bringt. Du kannst aber deinen Teil dazu beitragen, deiner Partnerin die Geburt so angenehm wie möglich zu gestalten.

Sei für deine Partnerin da, biete ihr Halt und seelische Unterstützung. Behalte dabei im Hinterkopf, dass jede Frau anders ist, einige Frauen unter der Geburt vielleicht Ruhe haben und nicht sprechen wollen, andere es beispielsweise nicht mögen, angefasst zu werden. Achte aus diesem Grund auf die Wünsche und Bedürfnisse der werdenden Mutter und nehme dir unter anderem folgende Tipps und Hinweise zu Herzen, mit welchen du deine Partnerin unter der Geburt unterstützen kannst:

- *Biete etwas zu trinken an.*
- *Hole etwas zu essen, wenn deine Partnerin hungrig ist.*
- *Massiere den Rücken deiner Partnerin.*
- *Vermittele zwischen deiner Frau und dem Personal in der Klinik, damit sich deine Frau nicht um die Kommunikation kümmern muss, wenn sie das nicht möchte.*

Ganz egal wie du deine Partnerin bei der Geburt unterstützt, wirst du feststellen, dass deine Bewunderung für sie und für die unendliche Kraft, die sie unter der Geburt aufbringt, steigen wird.

1.3 Deine Bedürfnisse unter der Geburt

Nicht nur die Bedürfnisse und die Wünsche deiner Partnerin, sondern auch deine eigenen Wünsche und Bedürfnisse spielen unter der Geburt eine wichtige Rolle. Achte aus diesem Grund auch auf dich und kümmere dich um dich selbst. Nur dann kannst du bestens für die werdende Mutter da sein.

Für dich heißt das, dass du:

- *sagen darfst, wenn du eine Pause brauchst.*
- *den Kreißsaal für einen Moment verlassen darfst.*
- *Essen und trinken darfst, um bei Kräften zu bleiben, wobei du in diesem Zusammenhang prüfen solltest, inwiefern es der Kreißsaal erlaubt, das Essen dort zu verzehren. Am besten machst du dich im Voraus bei der Klinik schlau.*
- *weinen darfst, wenn dir danach ist. Nicht nur die Schwangerschaft, sondern auch die Geburt selbst ist eine Achterbahnfahrt der Gefühle.*

Werde dir zudem darüber bewusst, dass du <u>nicht</u>:

- *stark sein musst, wenn dir ein bisschen mulmig ist.*
- *alles wissen musst und Fragen stellen darfst.*
- *alleine die Verantwortung trägst, sondern dich vertrauensvoll an das Pflegepersonal wenden darfst.*

2. Die Bindung mit dem Baby

Sofern deine Partnerin nicht nach der Geburt direkt genäht werden muss, weil ihre Haut unter der Geburt reißt oder sie noch in Narkose ist, wird ihr in der Regel das Baby direkt in den Arm gelegt, sodass sie den Haut-zu-Haut-Kontakt nutzen und bereits eine Bindung zu dem Baby aufbauen kann.

Doch, natürlich weist nicht nur für deine Partnerin, sondern auch für dich die Frage nach der Bindung zu deinem Kind eine große Bedeutung auf. Wie kannst du eine Bindung zu deinem Baby aufbauen? Werde dir darüber bewusst, dass die Bindung des Kindes zu beiden Elternteilen einen sehr positiven Einfluss auf seine Entwicklung und auf sein Leben hat. Es spielt somit nicht nur die Bindung zu der Mutter, sondern auch die Bindung zu dem Vater eine äußerst wichtige und fundamentale Rolle.

2.1 Die Bindung zu deinem Baby während der Schwangerschaft

Nicht immer fällt es werdenden Vätern leicht, bereits während der Schwangerschaft eine Bindung zu dem ungeborenen Baby aufzubauen. Das macht dich weder zu einem schlechten Vater noch zu einem schlechten Menschen. Es ist vollkommen normal, dass du die Schwangerschaft anders erlebst und somit auch die Bindung zu dem Baby, das deine Partnerin unter ihrem Herzen trägt, anders auffasst. Dennoch ist es für werdende Väter durchaus möglich, bereits vor der Geburt des Kindes eine Bindung zu ihm aufzubauen und somit eine Grundlage zu schaffen. Du schaffst durch die Bindung während der Schwangerschaft sozusagen das Grundgerüst, auf welches du dann gemeinsam mit deinem Kind nach der Geburt das stabile und feste Haus der Bindung und Beziehung bauen kannst.

Um die Bindung zu einem Baby bereits während der Schwangerschaft zu stärken, kannst du dir folgende Hinweise zu Herzen nehmen:

- *Begrüße und verabschiede dein Baby, wenn du beispielsweise zur Arbeit fährst und wenn du wieder zurück nach Hause kommst. Streichele deiner Partnerin über den Bauch und spreche mit deinem Baby. Dein Baby hört deine Stimme und kann sie nach der Geburt wiedererkennen. Das ist für eine Bindung ein sehr fundamentaler und wichtiger Aspekt.*
- *Spreche mit anderen Menschen über dein Baby. Während du über dein Baby sprichst, merkst du, welche Gefühle sich in dir ausbreiten, was sich wiederum positiv auf die Bindung zu deinem Baby auswirken kann.*
- *Nehme gemeinsam mit deiner Partnerin an einem Geburtsvorbereitungskurs teil. Je mehr du über die bevorstehende Geburt erfährst und je mehr du in die Schwangerschaft und die Geburt involviert wirst, umso leichter wird es dir fallen, eine Bindung zu deinem Baby aufzubauen.*
- *Lese dem Baby im Bauch eine Gute-Nacht-Geschichte vor. Genieße dabei die liebevolle Atmosphäre, die entsteht, und beobachte, wie sich auch deine Partnerin entspannt. Wenn sich deine Partnerin entspannt, merkt das auch das Baby im Bauch. Unterbewusst merkt es,*

dass die Mama entspannt, während du etwas vorliest, was sich natürlich wiederum sehr positiv auf die Bindung zwischen dir und deinem Baby auswirken kann. Du kannst natürlich auch etwas singen und dabei deiner Partnerin über den Bauch streicheln.

- *Sofern es dir möglich ist, gehe gemeinsam mit deiner Partnerin zu den Vorsorgeuntersuchungen beim Frauenarzt. Indem du das Baby auf dem Bildschirm siehst und die Entwicklung sowie das Wachstum beobachten kannst, wird die ganze Schwangerschaft noch ein ganzes Stück greifbarer für dich.*
- *Bereits im Bauch der Mama sind Babys oft sehr verspielt. Das sind die besten Voraussetzungen, um bereits während der Schwangerschaft mit deinem Baby zu spielen. Tippe beispielsweise sanft gegen eine bestimmte Stelle auf dem Bauch der Mutter und warte darauf, dass das Baby an der Stelle zurückklopft. Dieses Spiel mit dem Baby hat eine sehr positive Auswirkung auf die Bindung zwischen dir und ihm.*

2.2 Die Bindung zu deinem Baby nach der Geburt

Nicht nur während der Schwangerschaft, sondern auch nach der Geburt hast du viele Möglichkeiten, um die Bindung zwischen dir und deinem Baby zu stärken. Sicherlich profitierst auch du von dem Haut-zu-Haut-Kontakt nach der Geburt, der deiner Partnerin zudem etwas Zeit einräumt, um auf die Toilette zu gehen, zu duschen oder einfach etwas zu essen. So schlägst du zwei Fliegen mit einer Klappe und kannst dein Baby direkt etwas besser kennenlernen. Wichtig ist dabei für dich, mit deinem Kind zu sprechen, sodass es deine vertraute Stimme erkennt. Anders als es bei der Mutter der Fall ist – von welcher es den Geruch kennt –, kennt es deinen Geruch nicht, kann sich aber durchaus an deine Stimme erinnern. Halte es deshalb nicht nur still im Arm, sondern spreche mit ihm und zeige ihm, dass du

Papa bist – Papa, der in der Schwangerschaft mit dem Baby im Bauch gespielt und mit ihm gesprochen hat.

Achte für eine Bindung zwischen dir und deinem Baby nach der Geburt auf folgende Tipps:

- *Biete Liebe und Geborgenheit, indem du ein Ritual etablierst, welches sich auf dich und dein Baby bezieht. Vielleicht möchtest du ihm die Flasche geben, bindest es dir ins Tragetuch und gehst jeden Tag eine Runde spazieren oder übernimmst die Aufgabe, dein Baby zu baden.*
- *Rieche an deinem Baby, lasse es auf deiner Brust schlafen und genieße seinen Duft. Du kannst dein Baby nicht mit zu viel Nähe und Liebe verwöhnen. Lasse aus diesem Grund zu, gemeinsam mit ihm auf der Couch zu liegen, während dein Baby auf deinem Brustkorb schläft. Das wirkt sich unheimlich positiv auf die Bindung zwischen euch aus. Vor allem in den ersten acht Wochen nach der Geburt spielt ein intensiver Körperkontakt eine grundlegende Rolle. Das Baby entwickelt das notwendige Urvertrauen und die Bindung, die du in dieser Zeit zu ihm aufbaust, prägt es sein ganzes Leben lang.*

2.3 Der Umgang mit dem Baby

Bezüglich des Umgangs mit dem Baby haben einige Väter Angst, etwas falsch zu machen. Sie fürchten sich davor, ihre Ängste auf das Baby zu übertragen und wissen nicht, wie sie mit dieser Situation umgehen sollen. In diesem Fall ist es für dich wichtig zu wissen, wie du mit deinen Ängsten umgehen kannst. Was steckt hinter diesen Ängsten? Wie stark sind sie? Auf welche Bereiche beziehen sie sich? Wie kannst du einen positiven Umgang mit ihnen lernen?

Da diese Fragen nicht nur Väter, sondern auch Mütter beschäftigen, geht der Abschnitt „Umgang mit dem Baby" aus dem oberen Kapitel „Mamathemen" (*Kapitel A Abschnitt 10*) genauer auf sie ein. Ohne dir hier nun dasselbe nochmal in anderen Worten zu wiederholen, liest du dir am besten dieses Kapitel genauer durch und erfährst so, wie du den Umgang mit deinem Baby positiv gestalten kannst, ohne deine Ängste auf das Baby zu übertragen.

3. Halten für Papa

In der Regel verbringt dein Baby sehr viel Zeit bei seiner Mama. Vor allem wenn sich deine Partnerin dazu entschlossen hat, zu stillen, hält sie euer Baby sehr viel in ihren Armen und baut dabei auch eine starke Bindung zu ihm auf. Da du dein Baby nicht stillen und somit auch nicht mit der Milch nach ihm rufen kannst, ist es für dich wichtig, über das Tragen oder das Halten deines Babys den Kontakt zu ermöglichen und die Bindung zu stärken. Sicherlich kannst du es dir dabei gemeinsam mit deinem Baby auf der Couch gemütlich machen. Wenn du dein Baby halten und zu derselben Zeit ein paar Dinge erledigen möchtest, kannst du zu einem Tragetuch oder zu einer Babytrage greifen. Diese erlauben dir, dein Baby stets bei dir zu tragen, den Körperkontakt und somit die Bindung zu fördern und dennoch die Hände frei zu haben.

Wenn du mehr über Haltepositionen und auch über das Tragetuch bzw. über die Babytrage erfahren möchtest, liest du dir für diese Zwecke am besten den Abschnitt bezüglich des Haltens des Babys unter dem Oberkapitel „Mamathemen" (*Kapitel A Abschnitt 8*) durch. Dort erfährst du alles, was du über das Tragen und über verschiedene Haltepositionen wissen musst.

4. Die Unterstützung beim Füttern

Die ersten Wochen ihres Lebens verbringen Neugeborene in der Regel damit, zu essen und zu schlafen. Aus diesem Grund spielt vor allem die Nahrungsaufnahme eine fundamentale und nicht zu unterschätzende Rolle. Für dich als Vater gibt es dabei einige Möglichkeiten, deiner Partnerin unter die Arme zu greifen – selbst wenn sie stillen sollte – und somit mit an der Nahrungsaufnahme deines Babys teilzunehmen.

4.1 So unterstützt du deine Partnerin, wenn sie stillt

Stillt deine Partnerin euer Baby, kann es durchaus sein, dass sie sehr viel Zeit mit dem Stillen verbringt. Das liegt daran, dass:

- *die Muttermilch sehr leicht verdaulich ist und dein Baby somit öfter gestillt werden möchte.*
- *dein Baby vor allem innerhalb des ersten Lebensjahres eine sehr große Entwicklung macht und viel wächst. Für diese Zwecke braucht es viel Nahrung.*
- *dein Baby „clustert“, was heißt, dass es viel Zeit an der Brust nuckelt, um die Milchproduktion anzukurbeln - sprich: um mehr Milch zu bestellen.*

Das heißt jedoch nicht, dass du deine Partnerin nicht unterstützen kannst, während sie euer Baby stillt. Unter anderem kannst du dir bezüglich des Stillens und der Unterstützung deiner Partnerin folgende Hinweise und Tipps zu Herzen nehmen:

- *Stehe dem Stillen positiv gegenüber und gebe deiner Partnerin auf dieser Weise zusätzliche Kraft. Das Stillen kann – vor allem zum Anfang – sehr anstrengend sein, weshalb es sich nur positiv auf deine Partnerin und ihre Milchproduktion (die unter Stress leidet) auswirken kann, wenn sie weiß, dass du bezüglich des Stillens hinter ihr stehst.*
- *Sehe nicht nur dein Baby, sondern auch deine Partnerin und achte darauf, dass es ihr gut geht. Unterstütze sie, indem du ihr vielleicht etwas zu trinken bringst oder das Essen zubereitest.*
- *Nehme dein Baby in den Arm, binde es dir ins Tragetuch und gebe ihm so den Kontakt, den es sonst während des Stillens von der Mutter bekommt. So kann sich deine Partnerin eine Auszeit gönnen.*
- *Besorge ein Stillkissen für deine Partnerin. Ein Stillkissen kann ihr dabei helfen, das Baby besser zu stillen.*

Ganz wichtig: Dränge auf keinen Fall darauf, dem Baby die Flasche geben zu wollen, und versuche nicht, deiner Partnerin Schuldgefühle einzureden. Für dich als Vater gibt es viele Möglichkeiten, Zeit mit deinem Baby zu verbringen und eine Bindung zu ihm aufzubauen, die sich nicht auf das Füttern mit Fläschchen beziehen. Wenn deine Partnerin stillen möchte, hat sie mit dieser Entscheidung deine vollste Unterstützung verdient.

4.2 So unterstützt du deine Partnerin, wenn euer Baby die Flasche bekommt

Entscheidet sich deine Partnerin gegen das Stillen oder möchtet ihr eine Mischung aus Stillen und Fläschchen praktizieren, kannst du in diesem Fall ebenfalls unterstützen und ihr bezüglich des Fütterns unter die Arme greifen.

Unter anderem kannst du dich diesbezüglich an die folgenden Tipps und Hinweise halten:

- *Bereite die Milchmahlzeiten zu und lasse deine Partnerin schlafen, wenn dein Baby in der Nacht aufwacht und Hunger hat. Findet für euch einen Rhythmus, der passt. Wechselt euch entweder ab (eine Mahlzeit du, eine Mahlzeit deine Partnerin) oder teilt euch tageweise auf (an einem Tag bist du nachts dran, am nächsten Tag - deine Partnerin).*
- *Kaufe die Milchnahrung und achte darauf, dass die Fläschchen immer sauber sind, damit dein Baby nicht lange warten muss, wenn es hungrig wird.*
- *Achte darauf, all die Dinge, die ihr für eure Baby unterwegs braucht, einzupacken, und überlasse diese Aufgabe nicht ausschließlich deiner Partnerin.*

5. Hilfsangebote insbesondere für alleinerziehende Väter

Du bist mit deinem Baby und deiner kleinen Familie nicht alleine und kannst dich auf unterschiedliche Arten der Unterstützung verlassen. Das gilt nicht nur für den Fall, dass du alleinerziehender Papa bist. Junge Familien und auch Eltern von Frühchen erhalten eine besondere Unterstützung, um sich mit ihrer neuen Situation besser zurechtfinden zu können.

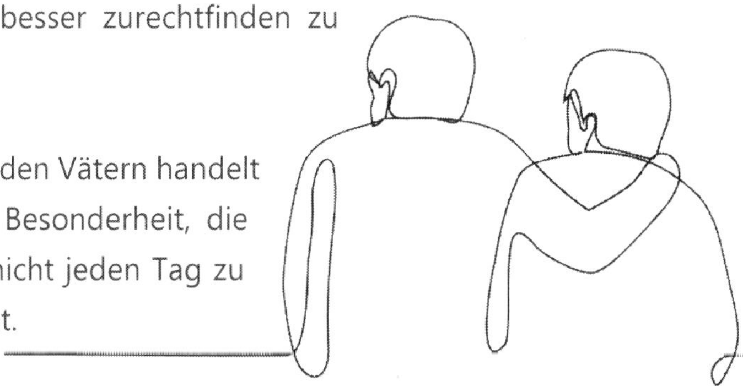

Bei alleinerziehenden Vätern handelt es sich um eine Besonderheit, die die Gesellschaft nicht jeden Tag zu sehen bekommt. Denn in der Regel ist der Elternteil, der sich alleine um die Erziehung der Kinder kümmert, die Mutter. Dennoch gibt es in Deutschland durchaus Väter, die sich alleine um die Erziehung ihres Kindes kümmern. Insgesamt sind circa 12 Prozent der Alleinerziehenden Väter, was heißt, dass circa einer von 10 Alleinerziehenden ein Vater ist.

Umso wichtiger ist es für dich, zu wissen, welche Unterstützungen dir zustehen, wenn du dich zum größten Teil alleine um die Erziehung deines Kindes kümmerst:

- *Unterhalt*
- *Kindergelt*
- *Kinderbetreuungskosten*
- *Freistellung bei Krankheit deines Kindes*
- *Elterngeld*
- *Vater-Kind-Kur*

Wende dich am besten an eine Beratungsstelle wie Profamilia oder die Caritas oder lasse dich auch vom Jugendamt bezüglich deiner Rechte auf Unterstützung und Leistungen beraten. Alles, was du sonst über mögliche Hilfsangebote wissen musst, erfährst du unter dem Oberkapitel „Mamathemen" (*Kapitel A Abschnitt 13*).

C Partnerthemen

Die Geburt eines Babys stellt nicht nur das Leben der Mutter und des Vaters separat auf den Kopf. Auch innerhalb der Partnerschaft selbst findet eine Änderung statt, an die sich viele Paare erst nach und nach gewöhnen müssen. Sicherlich verbringst du während der Schwangerschaft viel Zeit damit, dir vorzustellen, wie die Zeit nach der Geburt wohl aussehen wird. Doch, in vielen Fällen kommt es in der Realität anders – was aber sicher nicht heißt, dass das schlecht ist. Entferne dich von der negativen Einstellung des Wortes „anders" gegenüber. „Anders" heißt nicht automatisch schlecht, es kann aber durchaus Arbeit, Durchhaltevermögen, Empathie und Verständnis bedeuten.

Aus zwei Menschen, die eine Beziehung miteinander haben, wird durch die Geburt des Kindes eine kleine Familie. Eine kleine Familie, in der nun nicht mehr nur zwei Bedürfnisse und Wünsche miteinander jongliert werden müssen, sondern bei welcher sich auch ein dritter Ball mit hinzugesellt.

Es kann etwas dauern, bis ihr das Jonglieren mit drei Bällen gelernt habt. Wer über eine lange Zeit hinweg mit nur zwei Bällen jongliert hat, wird sich erst an den dritten Ball gewöhnen müssen. Anfangs mag das Jonglieren etwas holprig sein – ab und zu mag ein Ball runter fallen (sprich: einer wird bezüglich seiner Bedürfnisse zurückstecken müssen), doch nach und nach stellt sich ein Rhythmus ein, an den ihr euch alle als kleine Familie gewöhnen werdet. Um einen gleichmäßigen Rhythmus erstellen zu können, ist es jedoch für euch wichtig, achtsam mit euch selbst zu sein und euch nicht zu vernachlässigen. Setzt euch nicht an die letzte Stelle auf eurer Prioritätenliste, sondern werdet euch darüber bewusst, nicht nur Eltern, sondern weiterhin Mann und Frau mit eigenen Wünschen und Bedürfnissen zu sein.

Ja *das Baby ist von euch abhängig.*

Ja *es liegt in eurer Verantwortung, euch um die Wünsche und Bedürfnisse eures Babys zu kümmern.*

Ja *es kann sein, dass ihr ab und an Prioritäten anders setzen müsst.*

Ja *euer Baby nimmt viel Aufmerksamkeit für sich in Anspruch.*

Doch, es heißt nicht, dass ihr euch vollkommen aufgeben müsst und euch selbst keine Aufmerksamkeit mehr schenken dürft. Je mehr ihr euch selbst in euren Wünschen und Bedürfnissen ignoriert, umso schwerer werden die Bälle, die ihr jongliert. Mit schweren Bällen gelingt es kaum, einen Rhythmus zu finden und gut jonglieren zu können.

Wenn ihr aufmerksam mit euch selbst seid, Empathie in euren Alltag integriert und nach und nach einen Rhythmus findet, der sich für euch als Familie richtig anfühlt, könnt ihr euch auf euch einspielen und somit den neuen und aufregenden Alltag als Familie genießen. Damit das wirklich gut gelingt, erfahrt ihr hier mehr über mögliche Themen, die für euch eine Rolle spielen könnten, und wie ihr am besten mit ihnen umgehen könnt.

Behaltet dabei immer im Hinterkopf:

- *Für euch beide ist die Situation neu.*
- *Achtsamkeit und Empathie sind besonders wichtig.*
- *Bedürfnisse und Wünsche sollten gesehen werden.*
- *Ihr gebt beide euer Bestes, um euch an die neue Situation zu gewöhnen.*

Es kann sehr viel helfen, wöchentliche Gespräche zu führen, um sich über die persönlichen Wünsche und Bedürfnisse zu unterhalten und dem Partner mitzuteilen, was in den eigenen Augen noch nicht so gut läuft bzw. was besser laufen könnte. Diese Gespräche fungieren als Ventil und verhindern, dass sich Dinge innerlich aufstauen. Das könnte unter Stress, Schlafmangel und der neuen Situation schnell zu einem Überlaufen des Fasses sorgen, was eure kleine Familie nun wirklich nicht braucht. Kümmert euch um euch selbst und um euch untereinander und genießt den neuen Lebensausschnitt, in dem aus Liebe Leben geworden ist.

1. Zwischen Erwartung und Realität

Mit den Erwartungen und mit der Realität ist das so eine Sache. Während der Schwangerschaft stellt ihr euch vor, wie das Leben mit dem Baby später wohl aussehen wird. Viele dieser Vorstellungen basieren dabei unter anderem auf dem perfekten Bild der perfekten Familie, in der alles gut läuft und in der nie Stress, Unstimmigkeiten oder Schlafmangel herrschen. Mütter und Väter teilen auf den sozialen Medien nur die schönen und augenscheinlich perfekten Momente. In der Gesellschaft redet kaum jemand über die Herausforderungen und die Hürden, sondern stellt die eigene Familie als perfekt dar. Allgemein seid ihr vielen perfekten Bildern ausgesetzt, die natürlich einen großen Einfluss auf eure Erwartungen und Vorstellungen haben.

Doch, wenn das Baby dann auf der Welt ist, gestaltet sich die Realität oft anders, als ihr euch das vorgestellt habt. Das ist vollkommen normal und ist bei nahezu jeder Familie so. Die Frage, wie ihr am besten damit umgeht, bleibt aber offen. Denn natürlich ist es erst einmal ein Schock, wenn der Alltag als Familie ganz anders als vorgestellt wird.

Wisst ihr, wie viele Paare vor der Geburt gesagt haben, dass sie:

- *das Kind nie mit im Ehebett schlafen lassen,*
- *nur stoffwindeln nutzen,*
- *immer Brei selbst kochen und nie Brei kaufen werden*

und am Ende während des Alltags festgestellt haben, dass es sehr viel einfacher ist, wenn das Baby mit im Bett schläft, Wegwerfwindeln trägt und von der Breiauswahl im Supermarkt profitiert?

Bestimmt fragt ihr euch, ob Wunschvorstellungen wie:

- *gemeinsame Spaziergänge;*
- *Stillen auf dem Sofa, während ihr Gespräche führt;*
- *gemeinsames Essen, während das Baby schläft;*
- *Date-Abende, während Oma und Opa oder andere Menschen babysitten;*
- *entspanntes Schlafen im Familienbett*

nach der Geburt real sind? Wie habt ihr euch als Paar die Zeit nach der Geburt vorgestellt?

Jedes Paar hat bestimmte Vorstellungen bezüglich der Zeit nach der Geburt, die jedoch nicht immer der Realität entsprechen. Das mag im ersten Moment etwas hart und schwer zu verdauen sein, doch es ist wichtig, dass ihr mit diesem Umstand euren Frieden schließt und nicht versucht, in einer Scheinwelt zu leben, sondern euch der Realität anzunehmen.

Das Dasein als Eltern ist nicht leicht!

Punkt und Basta. Es gibt an dieser Aussage nichts schön zu reden, was aber natürlich nicht heißt, dass es voller wundervoller und einzigartiger Momente steckt. Das Dasein als Eltern ist das beste Beispiel dafür, dass es möglich ist, seine Sichtweise und seine Einstellung zu ändern. Denn, während viele Menschen ihren Fokus auf eine negative Sache legen, selbst wenn der Rest des Tages wundervoll war, vergessen Eltern all die Anstrengungen und Mühen, wenn sie ihr Kind auf ihrem Brustkorb liegen haben oder ihm beim Schlafen zusehen.

In eurer Wunschvorstellung habt ihr ein gewisses Bild vor Augen, weshalb es wichtig ist, von ihr loszulassen und euch darüber bewusst zu werden, dass es nicht die Aufgabe eures Babys ist, euch glücklich zu machen, auch wenn es euch natürlich mit viel Freude, Glück und vor allem Liebe erfüllt. Lasst jedoch von Wunschvorstellungen los, die unterbewusst dafür sorgen, dass ihr eine gewisse Erwartungshaltung einnehmt. Diese Erwartungshaltung führt zu Druck und Stress, was sich wiederum negativ auf die ganze Familie auswirkt.

Was euch ebenfalls dabei helfen kann, mit der Realität umzugehen und von der Erwartungshaltung loszulassen, sind folgende Hinweise und Tipps:

- *Ihr seid Menschen mit individuellen Persönlichkeiten. Jeder von euch kann eine andere Erwartungshaltung haben, was heißt, dass Wünsche und Vorstellungen aufeinandertreffen und manchmal nicht gleichzeitig existieren können. Anstatt euch gegenseitig erwartungsvoll und mit Druck gegenüberzutreten, lasst euch einfach auf dieses neue Abenteuer ein und genießt die Momente so, wie sie kommen, ohne sie mit eurer Erwartung zu vergleichen.*

- *Werdet euch darüber bewusst, woher eure Erwartungshaltung kommt. Warum habt ihr diese Erwartungshaltung? Beachtet, dass in jeder Familie Herausforderungen herrschen und die Realität nicht immer den Erwartungen entspricht. Sicherlich mag das in dem Moment nicht helfen, doch - wie sagt man so schön? - Geteiltes Leid ist halbes Leid.*

- *Umgebt euch mit Menschen, mit denen ihr offen reden könnt und die nicht nur die perfekten Momente in ihrem Leben teilen. So erfahrt ihr, dass es die perfekte Familie und die perfekte Realität nicht gibt und dass jede Familie auf ihre eigene Weise wundervoll ist.*

Lasst von Erwartungshaltungen los und lernt euer Baby und eure Familie ohne eine innere Erwartungshaltung kennen. Ihr müsst nicht wie andere sein. Ihr seid als Familie einzigartig, wundervoll und wertvoll.

2. Der Name des Kindes

Es gibt eine lustige Aussage, die besagt, dass du erst in dem Moment, in dem du nach einem Namen für dein Baby suchst, feststellst, wie viele Menschen dir wirklich unsympathisch sind. Denn vielleicht verbindest du mit bestimmten Namen eine gewisse Person oder eine Situation, die in dir ein negatives Gefühl entstehen lässt. Zumal auf euch als Paar die Verantwortung lastet, dass euer Baby den Rest seines Lebens mit seinem Namen rumlaufen wird.

Was für ein Name bietet sich also an? Soll es eher ein Mainstream-Name sein oder wollt ihr vielleicht doch etwas Besonderes? Wie findet ihr den passenden Namen für euer Kind? Habt ihr vielleicht einen Namen, den ihr seit Jahren im Kopf habt und den ihr gerne eurem Kind geben möchtet? Habt ihr gar keine Ahnung, welcher Name euch gefällt, und seid total ratlos?

In vielen Fällen kann es bereits helfen, sich ein Namensbuch zu besorgen oder im Internet nach Namen zu suchen, um sich eine Vorstellung über mögliche Namen zu machen. Dabei könntet ihr auch auf Namen treffen, auf die ihr so noch gar nicht gekommen seid, und findet so den Namen, den euer Baby bekommen soll.

Am besten macht ihr euch beide eine Liste der Namen, die euch für euer Baby gefallen, und zeigt euch diese anschließend gegenseitig.

Respektiert es, wenn dem Partner ein Name nicht gefällt und streicht ihn von der Liste, ohne ihn schlecht zu machen oder zu kritisieren. Geschmäcker sind bekanntlich verschieden.
Vielleicht wollt ihr einen alten Namen, einen Namen aus der Mythologie oder aus einem Film oder einer Serie. Werdet euch darüber bewusst, dass euer Kind mit diesem Namen lebt, weshalb es wichtig ist, euch für die Entscheidung Zeit zu lassen und wirklich nur Namen zu wählen, mit denen euer Kind ein schönes Leben führen wird. Keine Sorge: Fast jedes Kind kommt früher oder später an einen Punkt, an dem es seine Eltern für den Namen, den sie ihm gegeben haben, angreift, weil es einen anderen Namen viel schöner findet. Das ist normal und gehört bei vielen Kindern einfach mit dazu. Bestimmt hast du als Kind auch den Wunsch gehabt, anders zu heißen und deinen Namen zu ändern.

Es kann sein, dass ihr euch beim ersten Mal noch keine Vorauswahl erstellen könnt, sondern eine weitere Liste erarbeitet, bis ihr gemeinsam zu einer kleinen Liste gelangt, auf der sich Namen befinden, die euch beiden gefallen. Achtet bei diesen Namen darauf,

- *ob ihr euch einen Vornamen oder mehr Vornamen wünscht (bis zu 5 Vornamen sind in Deutschland erlaubt, danach ist Schluss!).*
- *wie beliebt diese sind – einige Namen erfreuen sich einer sehr großen Beliebtheit, sodass auf dem Spielplatz auf einmal 5 Kinder kommen, wenn du dein Kind beim Namen rufst. Gefällt euch der Name jedoch sehr, sollte euch eine große Beliebtheit nicht davon abhalten, eurem Kind den Namen zu geben.*
- *dass der Name keinen schlechten Ruf hat. Das könnte sich später negativ auf euer Kind auswirken.*
- *dass der Vorname und der Nachname gut zusammenklingen.*
- *dass die Initialen nicht komisch aussehen.*

- *bei einem geschlechtsneutralen Namen einen geschlechtsspezifischen Zweitnamen zu wählen.*
- *dass der Name nicht verboten ist. Denn in der Tat gibt es einige Namen, die in Deutschland verboten sind. Dazu gehören beispielsweise: Waldmeister, Rosenherz, Tom Tom, Superman, Sonne, Gucci, Puppe uvm!*

Habt ihr all diese Punkte abgehackt und gecheckt, ist es nun wichtig, euch für einen der Namen zu entscheiden:

- *Stellt euch vor, ihr ruft euer Kind mit dem Namen – wie fühlt sich das an?*
- *Sprecht über euer Baby und nutzt die einzelnen Namen – welcher Name rollt euch leichter von der Zunge?*
- *Gebt euch Zeit, um euch für einen bestimmten Namen zu entscheiden. Manche Eltern warten auch bis nach der Geburt, um ihrem Baby in die Augen zu schauen und sich dann für einen der Namen auf der Liste zu entscheiden. Es ist ganz euch überlassen, ob ihr eurem Baby den Namen vor oder nach der Geburt geben wollt.*

3. Beziehung aus Babysicht

Bei Babys handelt es sich um kleine Entdecker, die ihre ganze Umwelt erkunden und kennenlernen wollen. Sie sind Gefühlsmagneten, die Gefühle der Menschen, die sie umgeben, in sich aufsaugen. Gleichzeitig sind Babys kleine Lebewesen, die ihre Eltern als Vorbild nehmen und sie somit in vielen Dingen, die sie machen und sagen, nachahmen. Euer Baby lernt von euch nicht nur zu sprechen und mit eurer Hilfe zu krabbeln und zu laufen, sondern es lernt auch sehr viel über zwischenmenschliche Beziehungen, indem es euch beobachtet und wahrnimmt. Babys beobachten ihre Eltern, weshalb es für euch wichtig ist, darauf zu achten, wie ihr miteinander umgeht, welche Worte ihr verwendet und wie ihr euch allgemein gegenübertretet.

Als Eltern legt ihr für euer Baby nicht nur den Grundstein für sein eigenes Selbstvertrauen, Selbstbewusstsein und seine Selbstliebe. Ihr tragt nicht nur die Verantwortung dafür, Rahmenbedingungen zu schaffen, innerhalb welcher sich das Baby angemessen entwickeln kann. Es liegt ebenfalls in eurer Verantwortung, euer Baby bezüglich seiner emotionalen Entwicklung zu helfen und ihm vorzuleben, was eine gesunde und glückliche Beziehung ausmacht.

Denn das, was euer Baby und später Kleinkind Tag für Tag erlebt, prägt sein ganzes Leben und seine spätere Einstellung. Eure Beziehung ist das, was es als Normalität ansieht und somit selbst in einem späteren Partner suchen und in einer Partnerschaft praktizieren wird.

3.1 Wie wichtig ist es für das Baby, Mama und Papa gemeinsam zu erleben?

Für euer Baby spielt es eine große Rolle, euch als Eltern nicht nur einzeln, sondern auch gemeinsam als Paar zu erleben. Das liegt daran, dass euer Baby sowohl von Mama als auch von Papa profitiert und von beiden Elternteilen sehr viel lernen kann. Auf der anderen Seite lernt es eure Beziehung und euren Umgang, den ihr miteinander habt, genauer kennen.

Während euer Baby bei der Mutter eher nach Liebe, Geborgenheit, Schutz und Sicherheit sucht, vor allem in den ersten Wochen nach der Geburt viel Zeit bei ihr verbringt und sozusagen im Einklang mit ihr lebt, trifft es bei dem Papa oft auf andere Umstände und Umgangsformen, die eine ebenso wichtige Rolle spielen und ihm dabei helfen, verschiedene Qualitäten und Eigenschaften zu entwickeln und auszubauen. Die Kombination aus Mama und Papa schafft für das Baby die besten Rahmenbedingungen, die es für eine gesunde Entwicklung braucht und die es dabei unterstützen, seine eigenen Ansichten zu bilden und Achtsamkeit, Selbstliebe und Selbstwert zu lernen.

Denn Mama und Papa gleichen sich in der Regel untereinander aus und sorgen dafür, dass ein Gleichgewicht in folgender Form entsteht:

- *Während Mütter gerne in der Babysprache sprechen, verzichten viele Väter darauf, was sich positiv auf die Entwicklung der Sprache des Babys auswirken kann.*
- *Papas haben nicht so viele Hemmungen beim Spielen und sind auch mal da, um zu raufen. So kann sich das Kind richtig austoben.*
- *Oft konzentrieren sich Papas auf eine Sache, anstatt nebenbei auf das Essen auf dem Herd zu schauen oder zu horchen, ob die Waschmaschine vielleicht schon gepiepst hat.*
- *Während viele Mütter dazu neigen, sich in die Selbstaufgabe zu begeben, achten Papas mehr auf ihre Bedürfnisse und zeigen den Kindern so, dass es vollkommen in Ordnung und wichtig ist, sich mit den eigenen Wünschen und Bedürfnissen wahrzunehmen.*

Das heißt nicht, dass eine Seite besser oder schlechter ist. Mama und Papa sind zwei verschiedene Menschen mit zwei verschiedenen Charakteren und Ansichten. Alleine von dieser Tatsache profitiert das Baby und kann somit sehr viel für sein Leben lernen.

3.2 Was lernt das Kind bereits im ersten Jahr von den Eltern über Beziehungen?

Kinder beobachten ihre Eltern. Sie erleben sie Tag für Tag und spüren auch Gefühle, die ihr vielleicht unterdrücken wollt. Diese Gefühle saugt das Baby förmlich in sich aus und lebt sie dann in der Form von Unruhe, Weinen und Schreien an eurer Stelle aus. Umso wichtiger ist es, eure Gefühle immer klar zu kommunizieren, was sich auch sehr gut auf die Beziehung auswirkt. Kinder merken, wenn ihr es ernst meint oder wenn ihr euch und dem Baby etwas vorspielt. Es bringt nichts, die heile glückliche Familie vorzuspielen, wenn es Redebedarf gibt und Baustellen existieren, an denen ihr arbeiten müsst.

Euer Kind lernt durch euch viel über:

- *gegenseitigen Respekt,*
- *Kommunikation,*
- *Liebe und Zuwendung sowie*
- *die Partnerschaft im Allgemeinen.*

Es sieht, wie ihr miteinander sprecht und wie ihr miteinander umgeht. Umso wichtiger ist es, dass ihr ihm vorlebt, wie eine gesunde Beziehung aussieht. Oft heißt es, dass Babys den Eltern einen Spiegel vor die Nase halten, was sich nicht nur auf eigene unterdrückte Gefühle, sondern auch auf die Partnerschaft selbst bezieht. Habt keine Scheu davor, euch Hilfe zu suchen, wenn ihr merken solltet, dass etwas nicht so läuft, wie ihr euch das für die Partnerschaft wünscht, alleine jedoch nicht wisst, wie ihr vorgehen sollt.

3.3 Welche Auswirkungen kann es auf das Baby haben, wenn oft Spannung in der Luft liegt oder gar laut gestritten wird?

Wenn Eltern ständig streiten, hat das sehr negative Auswirkungen auf das Baby. Herrscht stets schlechte Luft zwischen den Eltern und fehlt es an Liebe, Zuwendung und Empathie zwischen den Elternteilen, kann das dazu führen, dass Babys und Kinder Unstimmigkeiten der Eltern oft auf sich selbst beziehen und somit auch die Schuld bei sich selbst suchen. Das kann sehr fatale Auswirkungen auf das

Selbstbewusstsein und das Selbstwertgefühl des Kindes mit sich bringen.

Auf Dauer haben Wissenschaftler festgestellt, dass dies in einem aggressiven Verhalten enden kann und dass sich viele Kinder sehr stark zurückziehen. Es kann sogar dazu kommen, dass die Kinder depressiv werden und später einmal Beziehungsprobleme haben, weil sie von den Eltern nicht gelernt haben, wie eine gesunde Beziehung aussieht.

Sicherlich umfasst eine gesunde Beziehung auch Meinungsverschiedenheiten und ab und zu Streit. Doch, es besteht ein sehr großer Unterschied dazwischen, ob es manchmal zu Streit kommt oder ob eine ständig dicke Luft zwischen den Elternteilen herrscht.

Heißt das, dass ihr nie vor dem Baby streiten dürft? Nein – das heißt, dass ihr respektvoll vor dem Baby streitet und ihm durch eine anschließende Lösungsfindung einen gesunden Umgang mit Konflikten beibringt.

Dies wiederum bedeutet nicht, dass ihr jeden Tag dauerhaft streiten solltet. Doch, wenn es ab und zu zu Meinungsverschiedenheiten kommt und es respektvoll zugeht, darf das Baby durchaus sehen, dass auch Mama und Papa mal unterschiedlicher Meinung sind und dass sie dennoch zu einer Lösung kommen. Indem ihr eurem Baby einen gesunden Umgang mit Meinungsverschiedenheiten und Streit vorlebt, erfährt das Baby, dass Wut und andere als negativ angesehene Gefühle gelebt werden dürfen und es anschließend zu einer Lösung kommen kann. Zudem lernt es,:

- *seine Gefühle respektvoll mitzuteilen;*
- *empathisch zu reagieren und eine Lösung zu finden;*
- *anderen Menschen zuzuhören und*
- *dass es ok ist, anderer Meinung zu sein, solange gemeinsam nach einer Lösung gesucht wird.*

Nicht empfehlenswert ist, dass euer Baby und Kleinkind jedem Konflikt beiwohnt. Es kommt auch ein bisschen darauf an, worum es in dem Streit geht. An dieser Stelle ist euer Dasein als verantwortungsbewusste Eltern gefragt, euch zurückzuhalten, bis das Kind schläft, um anschließend über das Thema zu sprechen.

Wichtig ist, dass ihr eurem Baby (selbst, wenn ihr denkt, dass es das noch gar nicht versteht) immer mitteilt, wenn ihr zu einer Lösung gekommen seid, falls es die anfängliche Streitsituation mitbekommen hat. Sagt eurem Kind auch immer, dass es nichts mit ihm zu tun hat und achtet allgemein darauf, Achtsamkeit und Kommunikation als feste Bestandteile in euer Familienleben zu integrieren. So wird das Streitpotenzial allgemein gemindert und ein respektvoller und empathischer Umgang miteinander praktiziert.

4. Zwischen Nutzen und Luxus

Mit Sicherheit seid ihr bereits öfter durch die Stadt oder die verschiedenen Geschäfte eines Einkaufszentrums gelaufen und habt dabei einen Blick auf all die Sachen geworfen, die Hersteller für Babys anbieten. Zwischen unzähligen Anziehsachen und Spielzeug findet sich auch eine unheimlich große Auswahl an Kinderwägen, Kindersitzen, Babywippen und anderen Dingen auf dem Markt wieder.

Durch diese große Auswahl und die Werbungen, die immer wieder darauf hinweisen, wie unglaublich wichtig ein bestimmtes Produkt für das Baby und seine Entwicklung ist, wissen viele Eltern oft gar nicht mehr, was sie unter all den Sachen wirklich brauchen und was hingegen als Luxus gilt.

Generell stellt es eine individuelle Frage dar, was Eltern brauchen und was nicht. Es kommt auch immer ein bisschen darauf an, wie ihr die beiden Begriffe „Nutzen" und „Luxus" definiert und was für euch jeweils drunter fällt. Erst wenn klar ist, was diese beiden Kategorien für euch jeweils bedeuten, könnt ihr feststellen, was ihr wirklich für euer Baby braucht und was für euch Luxus darstellt.

4.1 Was brauchen wir wirklich für unser Baby?

Wie schon gesagt, kommt es immer auf eure Einstellung und eure Auffassung als Paar an, was ihr als Luxus bezeichnet und welche Aspekte somit unter die Kategorie der reinen „Nutzgegenstände" fallen.

Grundsätzlich könnt ihr euch jedoch an den folgenden Hinweisen orientieren, um feststellen zu können, was für euch unter die Kategorie „Nutzen" fällt:

- *Kinder wachsen in der Regel sehr schnell, was zur Folge hat, dass sie auch sehr schnell aus ihren Anziehsachen herauswachsen. Oft erhaltet ihr als werdende Eltern aus dem Freunde und Bekanntenkreis Babykleidung, die ihr auf jeden Fall annehmen solltet. Denn eh ihr euch versehen habt, wird eurem Baby der Body, den es letzte Woche noch anhatte, nicht mehr passen. Kauft ihr alles neu, geht das ins Geld, wobei ihr die Dinge nicht mehr lange nutzen werdet. Kleidung allgemein fällt jedoch unter die Kategorie „Nutzen", da ihr euer Kind bekleiden müsst.*
- *Stilleinlagen, Still-BHs für die Mutter und eine Milchpumpe.*
- *Fläschchen und Milchpulver, falls Milchnahrung gegeben wird.*
- *Je nachdem, ob das Baby mit im Familienbett schläft oder nicht, einen Rausfallschutz oder ein eigenes Babybett mit der entsprechenden Matratze.*
- *Wenn für euch bereits vor der Geburt feststeht, dass ihr euer Kind tragen wollt, stellt ein Kinderwagen einen Aspekt dar, den ihr nicht*

braucht. Wollt ihr einen Mix aus Tragen und Kinderwagen praktizieren, gehört der Kinderwagen natürlich mit zu den Artikeln, die unter die Kategorie „Nutzen" fallen.

- *Windeln und Feuchttücher;*
- *Badewanne;*
- *Wundschutzcreme (aber wirklich nur bei einem wunden Popo nutzen und nicht einfach mit als Routine während des Wickelns auftragen);*
- *Spucktücher;*
- *Schlafsack;*
- *mobile und/oder Spieluhr;*
- *Babyschale für das Auto, Kinderwagen, Tragetuch.*

Wie ihr seht, sind es nur wenige Dinge, die ein Baby wirklich braucht. Die meisten Artikel, die sich auf dem Markt wiederfinden, sind purer Luxus oder in vielen Fällen einfach unsinnig und nicht notwendig, weil die Babys diese eh kaum oder gar nicht nutzen. Schafft euch nicht zu viel an, sondern lasst es langsam angehen. Ihr müsst kein komplett eingerichtetes Babyzimmer haben und auch nicht in jedem Raum eine Babyschaukel oder eine Lauflernhilfe stehen lassen.

4.2 Was ist Luxus, den wir für unser Baby eigentlich gar nicht brauchen?

Neben all den Dingen, die ihr euch für euer Baby im Rahmen der sogenannten „Erstausstattung" anschaffen solltet, werdet ihr auch auf Dinge treffen, die unter die Kategorie „Luxus" fallen. Sicherlich ist es hier auch wieder eine Frage der Ansicht und der Einstellung. Doch, generell fallen die folgenden Punkte unter „Luxus", den ihr eigentlich nicht wirklich braucht:

- *Viel Spielzeug ist für ein Baby nicht notwendig. Babys erkunden ihre Umwelt und sind vor allem in Alltagsgegenstände interessiert. Löffel, Töpfe und Wäscheklammern – allgemein Dinge, die die Eltern nutzen – sind sehr viel interessanter als das tolle und überteuerte Spielzeug, welches euer Baby ganz besonders in seiner Entwicklung fördern soll.*
- *Eine Wickelkommode mag im ersten Moment vielleicht unter die Kategorie „Nutzen" fallen. Viele Eltern nutzen die Wickelkommode aber nur über einen kurzen Zeitraum hinweg und wickeln das Kind früher oder später auf einer Wickelunterlage auf der Couch, auf dem Boden oder auch auf dem Bett, weshalb die Kommode oft bereits nach kurzer Zeit ihren Nutzen verliert.*
- *Eine teure Wickeltasche ist absolut nicht notwendig. Stattdessen reicht eine große Tasche, in der ihr alles packen könnt, was ihr für das Baby braucht.*
- *Lauflernhilfen sind aus Sicht der Experten nicht nur schlecht für die Entwicklung der Kinder, sondern auch sehr gefährlich. Durch die Stellung, die sie in solchen Lauflernwägen einnehmen, lernen die Babys falsch zu laufen, da sich die Beine in einer vollkommen falschen Lage befinden. Zudem verleiten diese Hilfen die Eltern dazu, ihr Baby unbeaufsichtigt zu lassen. So kann es schnell passieren, dass die Kinder in der Lauflernhilfe über Türschwellen fallen, sich überschlagen und sich dabei sogar verletzen.*
- *Bevor sich euer Baby für die Einrichtung seines Kindeszimmers interessiert, kann viel Zeit vergehen. Vielleicht schläft euer Baby auch über mehrere Jahre hinweg in eurem Familienbett. Richtet ihr das Kinderzimmer teuer ein, riskiert ihr vielleicht, dass die Einrichtung und auch die Farbe gar nicht dem Geschmack eures Kindes entspricht. Es bietet sich deshalb immer an, etwas zu warten und das Zimmer in dem Geschmack des Kindes einzurichten. Wippen und Betten in Formen von Rennautos oder Prinzessinnenschlösser sind somit absoluter Luxus und nicht notwendig.*

Diese Liste der Luxusartikel ist keinesfalls vollständig, da sich Hersteller immer wieder neue Dinge einfallen lassen, die vielleicht auf den ersten Moment toll aussehen, auf den zweiten Blick jedoch keinen wirklichen Nutzen mit sich bringen. Somit könnte diese Liste unendlich weitergeführt werden.

Es liegt also an euch als Eltern, festzustellen, was für euch unter Luxus und was unter Nutzen fällt. Behaltet dabei aber immer im Hinterkopf, dass euer Baby in erster Linie Kleidung, Nahrung, einen Platz zum Schlafen, Liebe, Geborgenheit, Sicherheit, Zuwendung, Nähe und eine Umwelt braucht, die es erkunden kann.

5. Babysicherung

Für Babys ist es normal, dass sie – sobald sie krabbeln können – ihre Umwelt erkunden wollen. Aus diesem Grund ist es für euch als Eltern sehr wichtig, sicherzustellen, dass dies innerhalb eines geschützten und sicheren Umfeldes geschehen kann. Um Ihre Wohnung babysicher zu gestalten, achtet ihr am besten auf folgende Aspekte:

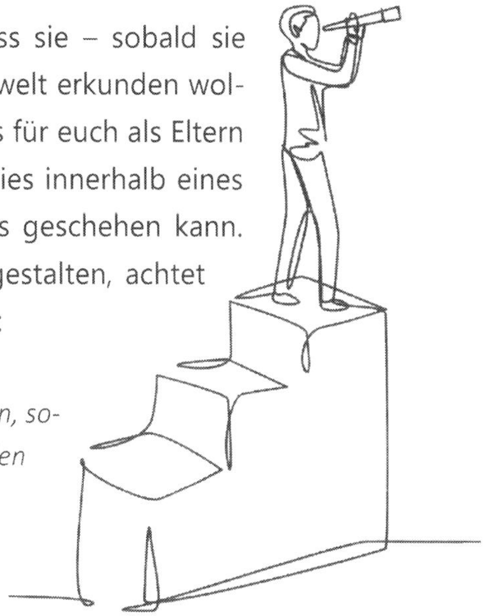

- *Bringt einen Schutz an Treppen an, sodass euer Baby nicht herunterfallen kann.*
- *An Ecken und Kanten bringt ihr am besten Eckenschützer an.*
- *Fenster und Türen haltet ihr am besten immer verschlossen oder seid in unmittelbarer Nähe zu eurem Baby.*
- *Dekoartikel und scharfe Gegenstände, die fallen können, verstaut ihr am besten recht weit oben, sodass das Baby diese nicht erreichen kann.*
- *Stehlampen, an denen euer Baby schnell mal ziehen kann, sollten außerhalb seiner Reichweite gestellt werden.*
- *Schubläden, in welchen sich gefährliche Gegenstände befinden, verseht ihr am besten mit einem Schutz, den Babys und Kleinkinder nicht aufbekommen.*

6. Haustiere

Wenn ihr ein Haustier habt, stellt dieses einen festen Bestandteil der Familie dar. Somit ist es auch eine durchaus wichtige und interessante Frage, wie wohl die Haustiere reagieren werden, wenn ihr das erste Mal mit dem Baby nach Hause kommt oder wenn sie dem Baby Gesellschaft im Bett leisten wollen, wenn es schläft. Selbst wenn ihr die Haustiere gut trainiert habt und wenn diese sehr verschmust, zahm und verkuschelt sind, solltet ihr immer ein Auge auf sie haben und sicherstellen, dass sie positiv auf das Baby reagieren. Dazu gehört unter anderem eine entsprechende Vorbereitung der Haustiere auf die Ankunft des Babys.

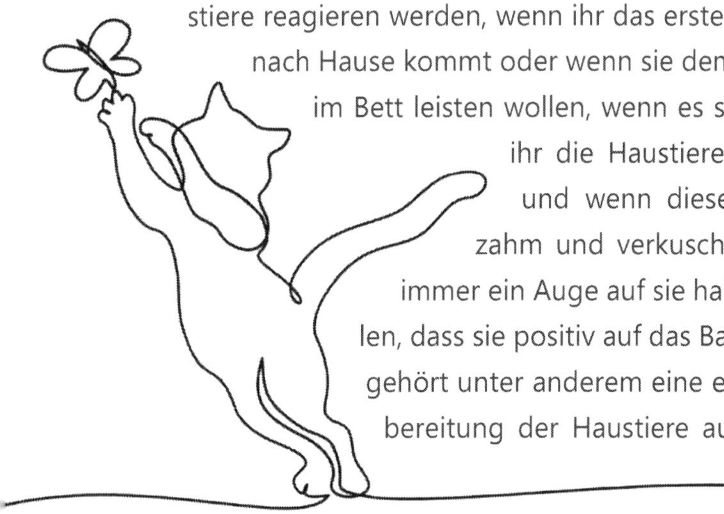

6.1 Wir haben einen Hund. Was sollten wir beachten, wenn wir das Baby heimbringen?

An und für sich reagieren Hunde sehr positiv auf Babys. Dennoch empfiehlt sich, das Haustier entsprechend auf die Ankunft des neuen Familienmitgliedes vorzubereiten. Dafür stellt ihr am besten sicher, dass der Hund bereits die Schwangerschaft aktiv miterlebt, indem er sich auf den Bauch der werdenden Mutter legt und somit den Herzschlag des Kindes hören kann. Der Hund kann somit bereits während der Schwangerschaft eine Bindung zum Baby aufbauen und dieses als Teil seines Rudels annehmen.

Wenn das Baby dann auf der Welt ist, bringt am besten der Papa ein Kleidungsstück mit nach Hause, das nach dem Baby riecht, sodass sich der Hund bereits an den Geruch gewöhnen kann, bevor das Baby dann wirklich nach Hause kommt. Es ist wichtig, den Hund nicht vom Baby fernzuhalten, sondern zuzulassen, dass er es kennenlernt. Arbeitet in diesem Zusammenhang am besten mit Leckerlis, die ihr ihm jedes Mal gebt, wenn er entspannt auf das Baby reagiert und sich positiv mit ihm und in seiner Nähe verhält. So entwickelt der Hund direkt positive Gefühle, die er mit dem Baby verbindet. Dennoch solltet ihr immer sicherstellen, dass einer von den beiden Eltern in der Nähe ist, wenn sich der Hund beim Baby befindet. Wie heißt es doch so schön? – Vertrauen ist gut, Kontrolle ist besser.

6.2 Ist es gefährlich, wenn die Katze sich ins Kinderbett legt?

In der eigenen Vorstellung klingt es so schön – die Katze kuschelt sich zu dem Baby ins Babybett und gemeinsam reisen sie ins Land der Träume. Doch, so schön das auch zu sein scheint, ist es wichtig zu bedenken, dass es nicht nur für das Kind selbst, sondern auch für die Katze negative Folgen haben kann, wenn es mit im Kinderbett liegt bzw. wenn es früher oder später nicht mehr mit im Babybett schlafen darf.

Lasst ihr die Katze zuerst mit im Babybett schlafen, bricht für sie eine Welt zusammen, wenn sie später einmal nicht mehr mit dem Baby schlafen darf. Zudem spielt auch der Aspekt der Hygiene eine nicht zu unterschätzende Rolle. Selbst wenn ihr eure Katze umfangreich pflegt, kann es durchaus sein, dass sie Erreger mit ins Babybett bringt. Nun mag es durchaus sein, dass eine gesunde Portion Dreck nicht schadet und sich in vielen Fällen sogar positiv auf das Immunsystem auswirken kann. Doch, wenn ihr Angst vor möglichen Keimen haben solltet, ist es wichtig, darauf zu verzichten, die Katze mit im Babybett schlafen zu lassen. Am Ende des Tages kommt es jedoch auf eure Einstellung als Familie an. Es gibt genauso viele Menschen, die gemeinsam mit Kindern und Tieren in einem großen Familienbett schlafen und keine Einwände hierzu haben.

6.3 Verursachen Nager und Vögel Allergien oder Atemwegserkrankungen?

Habt ihr Nager und Vögel, stellt sich vielleicht die Frage nach Allergien. Viele Menschen gehen davon aus, dass solche Haustiere keine Gefahrenquelle für Allergien und Atemwegserkrankungen darstellen. Das ist so allerdings nicht richtig. Grundsätzlich kann jedes Tier, das ein Fell oder Federn hat, eine Allergie auslösen. Bei Vögeln und Nagern kommt das etwas seltener vor als bei Katzen und Hunden. Doch, es ist nie vollkommen ausgeschlossen, dass euer Nager oder euer Vogel eine Allergie bei eurem Baby auslösen könnte. Achtet aus diesem Fall immer auf die Reaktion eures Babys, wenn es sich im Kontakt mit dem Haustier befindet.

7. Schlafen in einem Bett

Das Schlafen stellt für viele Paare eine sehr wichtige Frage dar, auf die der Abschnitt „Das Schlafen mit dem Baby" (*Kapitel A Abschnitt 7*), der sich intensiv auch mit dem Familienbett auseinandersetzt, genauer eingeht. Grundsätzlich gilt für euch als Paar, dass ihr euch individuell die Frage stellt, was ihr euch wünscht und wie ihr das Thema „Schlafen" angehen wollt. Es ist eure Entscheidung, ob das Baby mit euch im Bett schläft oder nicht, und niemand hat das Recht, euch bezüglich dieser Entscheidung reinzureden.

8. Autofahren und Transport

Wenn das Wochenbett vorbei ist, fühlt sich die frischgebackene Mutter in der Regel wieder fit genug, um ein paar Erledigungen zu machen oder sich mit Freunden und Verwandten zu treffen. In diesem Fall stellt sich natürlich die Frage nach dem Transport des Babys. Bezüglich des Transportes und der Fahrt im Auto kommen natürlich ein paar Fragen auf, denen ihr euch widmen solltet.

8.1 Mein Baby übergibt sich beim Autofahren. Was kann ich tun, um ihm das Fahren angenehmer zu machen?

Viele Eltern bevorzugen das Auto, da es einfach mehr Komfort bietet und weil sie keine Wartezeiten berücksichtigen müssen. Doch, es kann durchaus vorkommen, dass eurem Baby schlecht wird, wenn es im Auto sitzt, und es sich sogar übergeben muss. Das kann euch als Eltern belasten. Umso wichtiger ist es für euch zu wissen, wie ihr eurem Baby helfen könnt, um ihm die Fahrt im Auto angenehmer zu gestalten.

Natürlich bietet es sich in erster Linie an, das Auto, so gut es geht, zu meiden und stattdessen zu Fuß zu gehen oder mit den öffentlichen Verkehrsmitteln zu fahren. Stellt das keine Option dar, könnt ihr euch an den folgenden Hinweisen orientieren:

- *Hängt das Seitenfenster ab, sodass es nicht zu einer Reizüberflutung kommen kann.*
- *Versorgt euer Kind mit frischer Luft, die bei Übelkeit oft gut helfen kann.*
- *Fahrt im Auto, wenn euer Kind müde ist. Hat es seine Augen während des Fahrens geschlossen, mindert sich das Risiko, dass ihm übel wird.*
- *Viele Menschen denken, dass ein leerer Magen vor Übelkeit schützt, was jedoch nicht immer der Fall ist. Achtet aus diesem Grund darauf, dass euer Baby vor der Abfahrt etwas leicht Verdauliches zu sich nimmt (Muttermilch oder etwas Milchnahrung).*
- *Stellt sicher, dass euer Baby in der richtigen Position in der Babyschale sitzt. Diese zeichnet sich dadurch aus, dass euer Baby mit dem Po und dem Rücken an der Babyschale liegt und eine möglichst aufrechte Haltung einnimmt. Zudem sollte der Gurt nicht auf den Bauch drücken. Seid ihr euch bezüglich der richtigen Sitzposition unsicher, wendet euch an einen Fachhandel, wo euch diese direkt demonstriert werden kann.*

8.2 Wir wohnen in der Stadt und haben kein Auto. Wie kann ich sicher und komfortabel mit einem Baby auf öffentliche Verkehrsmittel setzen?

An und für sich stellt der Transport mit den öffentlichen Verkehrsmitteln kein Problem dar, sofern ihr darauf achtet,:

- *den Kinderwagen immer festzustellen, sodass er nicht fallen oder durch den Wagen des Zuges oder der Tram fahren kann. Am besten lasst ihr euer Baby nie im Kinderwagen liegen und entfernt euch von ihm, sondern ihr nehmt es besser aus dem Kinderwagen raus oder bleibt in der unmittelbaren Nähe sitzen oder stehen.*
- *das Baby ins Tragetuch zu binden und es somit nah bei euch zu tragen.*

Trefft ihr diese Sicherheitsvorkehrungen, kann sich der Transport mit den öffentlichen Verkehrsmitteln sogar sehr angenehm für euch und euer Baby gestalten.

9. Haushalt

Oft erhalten frisch gebackene Eltern den Tipp, dann zu schlafen, wenn das Baby schläft oder die Zeit zu nutzen, um sich den Dingen im Haushalt zu widmen. Viele Eltern müssen sich jedoch erst an dieses neue Leben gewöhnen und haben selten die Kraft dazu, sich mit Haushalt zu beschäftigen, während das Baby schläft. Somit stellt sich für viele junge Eltern die Frage danach, wie sie den Haushalt managen sollen.

9.1 Wie kann ich den Haushalt managen?

Zunächst einmal solltet ihr euch auf keinen Fall schuldig fühlen, wenn ihr schlaft, sobald das Baby schläft. Für euer Baby ist es wichtiger, entspannte und ausgeschlafene Eltern zu haben, als seine Babyzeit in einer perfekt aufgeräumten Wohnung zu verbringen.

Lasst die Wäsche einfach mal Wäsche und den Abwasch einfach mal Abwasch sein. Das heißt jedoch nicht, dass ihr im Chaos versinken müsst. Ein paar Tipps, die ihr euch bezüglich des Haushaltes zu Herzen nehmen könnt, stellen die Folgenden dar:

- *Bindet euch das Baby in das Tragetuch, sodass es nah bei euch sein kann und ihr dennoch die Hände freihabt, um euch dem Haushalt zu widmen.*
- *Nehmt Hilfe von Freunden und Verwandten an, sofern sie diese anbieten.*

- *Sofern ihr es euch leisten könnt, engagiert eine Haushaltshilfe.*

Zu guter Letzt ist es wichtig, nicht zu hart mit euch selbst zu sein und die Zeit als neue Familie zu genießen.

10. Familienkreis

Innerhalb einer Familie ist es vollkommen normal, dass unterschiedliche Erziehungsstile aufeinandertreffen. Das kann jedoch vor allem für junge Eltern sehr anstrengend sein, weil sie ständig das Gefühl haben, sich vor anderen Familienmitgliedern rechtfertigen zu müssen.

- *Stillen länger als 6 Monate? Da ist die Milch doch Wasser.*
- *Nimmst du ihn immer direkt hoch? Der wird ganz schön verzogen werden.*
- *Ziehst du dem Kind nur so wenig an? Es wird erkälten.*
- *usw.*

Diese unterschiedlichen Meinungen bringen natürlich ein sehr großes Konfliktrisiko mit sich. Somit stellt sich die Frage danach, was dagegen gemacht werden kann.

Es ist normal, dass sich die Erziehungsstile verschiedener Generationen, aber auch innerhalb einer Generation voneinander unterscheiden. Zudem ist es wichtig, dass alle Beteiligten respektvoll miteinander umgehen. Eure Eltern/Schwiegereltern müssen euren Erziehungsstil nicht verstehen und andersherum genauso, dennoch muss gegenseitiger Respekt herrschen.

Generell ist es nicht schlimm, wenn das Kind verschiedene Erziehungsstile und Regeln kennenlernt, solang es weder psychisch noch physisch missbraucht wird. An dieser Stelle ist es natürlich ein Muss, einzuschreiten und ein derartiges Verhalten seitens der Eltern/Schwiegereltern nicht zu dulden.

Die Kommunikation spielt, wie es bei so vielen Dingen der Fall ist, eine fundamentale Rolle, weshalb es sich immer anbietet, das Gespräch mit euren Eltern/Schwiegereltern zu suchen. Ihr seid die Eltern und ihr erzieht euer Kind, wie ihr das wollt. Eure Eltern/Schwiegereltern hatten ihre Chance, ihren Erziehungsstil zu wählen. Nun seid ihr an der Reihe!

11. Taufe

Für viele Eltern kommt nach der Geburt ihres Kindes die Taufe. Doch nicht alle Familien entscheiden sich dafür, diesen Weg zu gehen, was nicht bei allen Familienmitgliedern auf Verständnis treffen wird. In diesem Fall gilt genau dasselbe wie bei der Erziehung, auf die der Abschnitt weiter oben eingeht – es ist eure Entscheidung als Eltern, ob ihr euer Baby taufen lasst oder nicht.

11.1 Meine Familie erwartet eine Taufe, aber ich will dem Kind diesen Weg nicht vorgeben. Wie kann ich das am besten kommunizieren?

Erwartet eure Familie, dass eine Taufe stattfindet, stellt sich für euch sicherlich die Frage danach, wie ihr eure Entscheidung am besten kommuniziert. Sicherlich kommt es dabei darauf an, wie die Einstellung eurer Familie ist und wie diese in der Regel auf Nachrichten reagiert, die nicht ihren eigenen Ansichten entsprechen.

Grundsätzlich fahrt ihr mit einer offenen und ehrlichen Kommunikation sehr gut. Steht hinter eurer Meinung und macht klar, dass ihr die Entscheidungen für euer Baby trefft.

11.2 Wie wählen wir die Paten für unser Kind aus, ohne irgendwem „auf den Schlips" zu treten?

Solltet ihr euch dazu entscheiden, euer Baby taufen zu lassen, stellt sich nun die Frage danach, wen ihr euch als Taufpaten aussucht. Dabei ist es wichtig, Menschen zu wählen, die euch nahestehen und die ihr euch als Taufparten wünscht. Ihr solltet niemals Menschen als Taufpaten wählen, nur weil ihr euch verpflichtet dazu fühlt.

Werdet euch in erster Linie darüber bewusst, dass es bei der Wahl der Taufpaten nicht um eine Entscheidung gegen jemanden, sondern um eine Entscheidung für jemanden geht. Versucht Menschen, die sich unter Umständen auf den Schlips getreten fühlen könnten, das klarzumachen.

12. Beschneidung

Bei einer Beschneidung wird die Vorhaut des Penis teilweise oder vollkommen entfernt, was durchaus gesundheitliche Vorteile mit sich bringen kann. Laut Aussagen der Weltgesundheitsorganisation (WHO) sind circa 33 Prozent aller Männer weltweit beschnitten. Aufgrund der Vorteile, die die Beschneidung mit sich bringen kann, stellt ihr euch vielleicht die Frage, ob es sich für euch anbietet, euren Sohn zu beschneiden.

12.1 Welche Vorteile bringt eine Beschneidung mit sich?

Dass sich Eltern für die Beschneidung ihrer Söhne entscheiden, liegt an den gesundheitlichen Vorteilen, die eine solche Beschneidung mit sich bringen kann. Der wohl größte Vorteil scheint darin zu liegen, dass die Beschneidung als Präventionsmaßnahme in Bezug auf übertragbare Krankheiten, HP-Viren, Tripper, HIV und Peniskrebs dient.

12.2 Sollten wir unseren Sohn beschneiden lassen?

Am Ende des Tages ist es eure Entscheidung, ob ihr diesen Eingriff durchführen lasst. Behaltet dabei nicht nur die Vorteile der Beschneidung im Hinterkopf, sondern führt euch vor Augen, dass euer Sohn auch noch im Erwachsenenalter selbstständig die Entscheidung der Beschneidung für sich treffen kann.

13. Das Sexleben

An und für sich spricht gegen Sex nach der Geburt nichts, sofern sich die Frau wohl damit fühlt und während der Zeit der Nachblutungen im Wochenbett auf ein Kondom zurückgegriffen wird. Andernfalls fällt das Infektionsrisiko einfach zu hoch aus. Viele Frauen haben zudem unmittelbar nach der Geburt gar nicht viel Lust auf diese Art der Intimität, was Männer auf jeden Fall respektieren sollten.

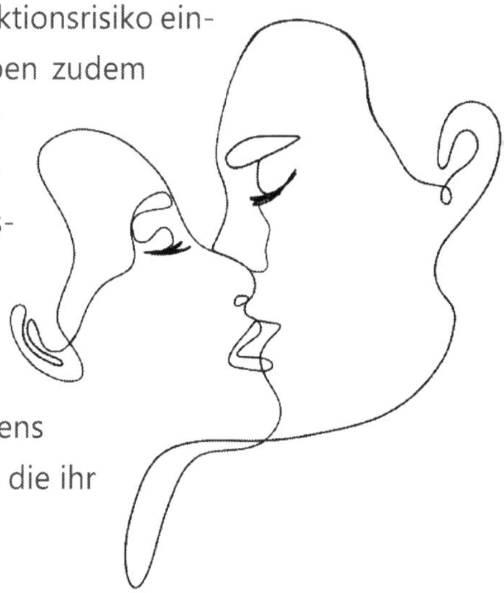

Doch, was solltet ihr als frisch gebackene Eltern bezüglich eures Sexlebens beachten? Gibt es bestimmte Dinge, die ihr berücksichtigen müsst?

13.1 Wie könnt ihr mit Schmerzen umgehen?

Selbst wenn die Frau nach der Geburt bereit dazu ist, Sex zu haben, kann es durchaus vorkommen, dass sie unangenehme Schmerzen während des Geschlechtsverkehrs verspürt. Diese Schmerzen basieren oft auf der Tatsache, dass sich die Gebärmutter nach der Geburt noch nicht vollkommen zurückgebildet hat. Das heißt nicht, dass ihr gar keinen Sex haben solltet. Doch, es bietet sich durchaus an, darauf zu achten, dass der Penis nicht zu tief in die Vagina eindringt und ihr somit Stellungen einnimmt, die etwas sanfter und „sicherer" bezüglich des Drucks auf die Gebärmutter sind.

Bedenkt, dass Sex nicht schmerzhaft sein sollte, weshalb es immer besser ist, euch nach der Geburt nach und nach an Sex heranzuwagen und gegebenenfalls noch etwas zu warten, bis die Schmerzen verschwinden. Gehen die Schmerzen gar nicht weg, sollte sich die Frau vertrauensvoll an den Frauenarzt wenden. Dieser kann genauer feststellen, woher die Schmerzen kommen.

14. Geschwister

Wünscht ihr euch ein Einzelkind oder wollt ihr gerne noch ein zweites Kind haben, um eurem Baby ein Geschwisterchen zu schenken? Jede Familie sollte selbst für sich entscheiden, wie viele Kinder sie haben möchte, ohne sich in diesem Zusammenhang von Dingen, die „man" macht oder eben nicht macht, beeinflussen zu lassen. Nur weil es zu einer Familie dazuzugehören scheint, dass sie mindestens zwei Kinder hat, heißt das nicht, dass das auch für euch stimmen muss.

Es bietet sich nie an, noch ein Kind zu bekommen, nur um eurem Baby ein Geschwisterchen zu geben. Entscheidet ihr euch für ein zweites Kind, solltet ihr diese Entscheidung treffen, weil ihr das wollt und nicht weil ihr das Gefühl habt, das wollen zu müssen.

14.1 Was spricht für Geschwister und was spricht gegen sie?

Geschwister zu haben, kann sowohl Vor- als auch Nachteile mit sich bringen.

Vorteile von Geschwistern

- *Kinder mit Geschwistern lernen Fairness und Mitgefühl.*
- *Geschwister unterstützen sich untereinander.*
- *Wenn die Eltern einmal nicht mehr sind, haben die Geschwister sich untereinander.*
- *Geschwister können gut zusammenspielen.*
- *Euer Kind ist nie alleine.*
- *Geschwister können sich gegenseitig helfen.*

Nachteile von Geschwistern

- *Die Eltern haben weniger Zeit für sich.*
- *Es entsteht das Gefühl, einem Kind nicht gerecht zu werden und die Aufmerksamkeit nicht gerecht aufteilen zu können.*
- *Es besteht keine Garantie dafür, dass die Geschwisterbeziehung später gut ist.*
- *Für euch fangen schlaflose Nächte, die Krabbelzeit und alles, was ein Baby durchläuft, noch einmal von vorne an.*

Trotz dieser Vor- und Nachteile solltet ihr für euch immer im Hinterkopf behalten, dass keine Liste und keine Statistik der Welt die Entscheidung für euch treffen kann, ob ihr noch weitere Kinder haben wollt oder nicht. Die Entscheidung ist ganz eure. Bedenkt immer, dass ihr nie wissen könnt, wie das Verhältnis zwischen Geschwistern sein wird und aus diesem Grund nicht unbedingt jeder Vor- oder Nachteil auf die Beziehung aller Geschwister zutreffen muss. Letztendlich werdet ihr selbst feststellen, dass ihr die Liste der Vor- und Nachteile beliebig erweitern könnt – je nachdem, wie eure Einstellung zu einem weiteren Kind aussieht.

14.2 Wie lange sollten wir warten, bevor wir ein zweites Kind bekommen?

Wenn ihr euch als Eltern dafür entscheidet, ein zweites Kind zu bekommen, stellt sich für euch möglicherweise die Frage, wann der passende Zeitpunkt für eine weitere Schwangerschaft ist. Sollen die Geschwister einen großen oder eher einen geringen Altersabstand haben?

Diese Frage kann eigentlich niemand für euch beantworten, da sowohl kleine als auch große Altersabstände Vor- und Nachteile mit sich bringen können.

Beschäftigt euch intensiv mit der Frage, wann ihr euch bereit für ein zweites Kind fühlt. Diese Frage stellt ihr euch am besten aus körperlicher und aus psychischer Sicht. Denn es spielt nicht nur eine Rolle, ob ihr euch mental bereit für ein zweites Kind fühlt. Auch der Körper der Frau, der nach der Geburt eines Kindes viel Zeit braucht, um zurück in seinen alten Zustand vor der Schwangerschaft zu kommen, sollte sich vor einer zweiten Schwangerschaft umfangreich erholen können. Ihr solltet mindestens ein halbes Jahr, besser aber ein Jahr oder länger warten, um erneut eine Schwangerschaft zu planen.

Mental kann es noch sehr viel mehr Zeit in Anspruch nehmen, bevor ihr euch bereit für ein zweites Kind fühlt. Dies beruht vor allem darauf, dass Eltern oft Schuldgefühle plagen, da sie ihrem ersten Kind nicht die vollkommene Aufmerksamkeit schenken können, wenn ein Geschwisterchen auf die Welt kommt. Aus diesem Grund entscheiden sich viele Eltern dafür, einige Zeit zu warten, bevor sie ein zweites Baby bekommen. Andere Eltern profitieren bezüglich eines geringen Altersabstandes davon, dass sich die Kinder gegenseitig Gesellschaft leisten und miteinander spielen können.

Wie ihr seht, handelt es sich bei dem Thema „Geschwister" um ein umfangreiches Thema mit vielen unterschiedlichen Ansichten, weshalb ihr euch mit euren eigenen Wünschen und Einstellungen beschäftigen und die Entscheidung individuell treffen solltet.

15. Betreuung

Grundsätzlich kann sich ein Elternteil in Deutschland drei Jahre Auszeit nehmen, um sich um das Kind zu kümmern. Wie es in diesem Fall mit dem Elterngeld aussieht, könnt ihr am besten durch eine Beratung der Elterngeldstelle erfahren.

Entscheidet ihr euch dafür, euer Kind in eine Einrichtung zu geben, wo es für eine gewisse Anzahl an Stunden täglich betreut wird, ist es interessant zu wissen, dass für jedes Kind ab dem Alter von einem Jahr ein Rechtsanspruch bezüglich der Betreuung in der Kita besteht. Allerdings solltet ihr dabei im Hinterkopf behalten, dass zwar der Rechtsanspruch besteht, dieser aber nicht mit der Unterbringung in der Wunsch-Kita der Eltern einhergeht. Diesbezüglich ist es ratsam, sich frühzeitig für einen Kitaplatz anzumelden.

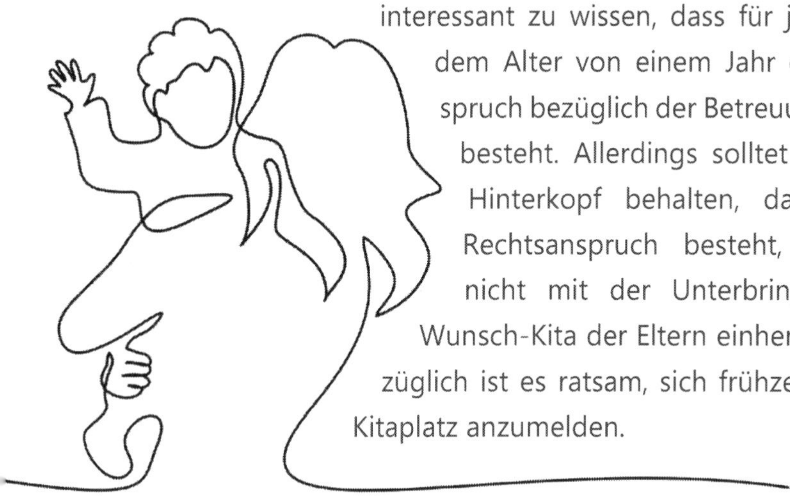

Solltet ihr keinen Platz für euer Kind finden, könnt ihr euch an das Jugendamt wenden.

16. Finanzen

Ein Kind kann nicht nur von Luft und Liebe leben, weshalb es für euch als Eltern eine durchaus wichtige Frage darstellt, wie ihr euer Kind finanziell absichern könnt und welche Aspekte ihr in Bezug auf dieses Thema im Hinterkopf behalten solltet.

16.1 Wie sichere ich mein Kind finanziell ab?

Um euer Kind finanziell absichern zu können, stehen euch mehrere Optionen zur Verfügung. Unter anderem könnt ihr auf:

Sparbücher, *Sparpläne* *andere Produkte der Kapitalbildung*

zurückgreifen. Am besten wendet ihr euch direkt an einen Finanzberater, der euch auf der Suche nach der passenden Absicherung für euer Kind helfen kann.

16.2 Macht es Sinn, ein Testament zu verfassen?

Natürlich mag sich niemand mit der Frage des Todes auseinandersetzen – vor allem dann nicht, wenn ihr gerade das Wunder des Lebens erlebt und ein Baby auf die Welt gebracht habt. Dennoch kann es sich für euch durchaus anbieten, euch Gedanken über ein Testament zu machen. Denn in einem Testament könnt ihr als Eltern nicht nur die finanziellen Aspekte regeln, sondern auch festlegen, welche Person oder welche Personen sich um euer Kind kümmern sollen, falls euch etwas passieren sollte.

Sollte der Fall nicht von euch klar geregelt sein, kümmern sich das Jugendamt und das Gericht um diese Frage.

16.3 Welche finanziellen Hilfen gibt es? Wie funktioniert das mit dem Kindergeld?

Neben der Frage nach der finanziellen Absicherung eures Kindes spielt auch die Frage nach finanziellen Hilfen eine wichtige Rolle. An und für sich stehen euch sehr viele unterschiedliche finanziellen Hilfen zur Verfügung. Darunter fallen unter anderem:

- *Geld für die Erstausstattung vom Jugendamt oder von anderen Stiftungen,*
- *Mutterschaftsgeld,*
- *Elterngeld und*
- *Kindergeld.*

Um Kindergeld zu erhalten, stellt ihr einen Antrag bei der Familienkasse. Das Kindergeld beträgt derzeit 219 Euro pro Monat und wird ausbezahlt, bis ihr Kind volljährig ist oder seine Ausbildung abgeschlossen hat (was über die Volljährigkeit hinaus gehen kann).

17. Hilfsangebote

Alles, was ihr über Hilfsangebote, die euch als Familien zur Verfügung stehen, wissen solltet, erfahrt ihr unter dem Oberkapitel „Mamathemen" (*Abschnitt 13*).

Schlusswort

Damit sind die wichtigsten Mama-, Papa und Partnerthemen rund um das erste Lebensjahr eines Kindes abgehackt. Im Teil 2 des **GROßEN BABYRATGEBERS** findet ihr alles Wissenswerte über den Nachwuchs. Wir freuen uns auf euer Feedback.

Impressum

1. Auflage

Kontakt:
Tseja und Christian Herrtwich, Schwetzingerstraße 98, 69165
Mannheim.

Printed in Poland
by Amazon Fulfillment
Poland Sp. z o.o., Wrocław

92801419R00106